KT-116-766

Contributors

Editor	Cathy Riqueur
Editorial Manager	Valerie Grundy
Consultant	Ana Cristina Llompart
Proofreading	Isabelle Stables
Data Capture	Philip Gerrish
Text Management	ELLA Associates Ltd.

Contents

OXFORD

take off in
French

Travel Dictionary and Phrasebook

OXFORD
UNIVERSITY PRESS

OXFORD
UNIVERSITY PRESS

Great Clarendon Street, Oxford OX2 6DP

Oxford University Press is a department of the University of Oxford.
It furthers the University's objective of excellence in research, scholarship,
and education by publishing worldwide in

Oxford New York

Auckland Bangkok Buenos Aires Cape Town Chennai
Dar es Salaam Delhi Hong Kong Istanbul Karachi Kolkata
Kuala Lumpur Madrid Melbourne Mexico City Mumbai Nairobi
São Paulo Taipei Tokyo Toronto

Oxford is a registered trade mark of Oxford University Press
in the UK and in certain other countries

Published in the United States
by Oxford University Press Inc., New York

British Library cataloguing in Publication Data available

Library of Congress Cataloging in Publication Data
Data available

ISBN 0-19-860970-1

Only available as a component of *Oxford Take Off In French*

3

Typeset by The Read Setter, Osney, Oxford
Printed in Great Britain by Clays Ltd, Bungay

The world at large

Useful phrases

Introduction

This book has been designed to function as a lively and accessible tool for anyone with an interest in expanding their knowledge of French. It provides the words and phrases necessary to everyday communication in a wide variety of contexts. There are 65 topic sections, each of which has been created to provide a window into how French is used to talk about a particular real-life situation.

The topic areas are arranged so as to move outwards from people, relationships, and domestic surroundings, through everyday life, work and leisure, into the world at large. Each separate topic is presented on a double-page spread and has its own number and title, making for easy identification of the area of vocabulary covered. Within each topic, the information is ordered according to type of word, so as to provide a clear structure for vocabulary learning. Similarly, within word types, the words and phrases are grouped to reflect relationships in the real world, rather than as alphabetical lists.

Where appropriate, topic sections contain unique *Language in Action* features. These are examples of everyday French as used by native speakers of the language, reflecting the language area. They range from dialogues and sketches to newspaper articles, reviews, and advertisements. The aim is to draw language-learners into a variety of linguistic contexts, such as they might encounter in a French-speaking environment, and to encourage intuitive assimilation of sentence structure and idiom, as well as reinforcing vocabulary learning.

How to use this book

Use the Contents section to identify the subject area and topic that you are interested in. Alongside the title of the topic, you will find the topic number. These are shown clearly, along with the title, on each left-hand page throughout the main part of the book. Each is also shown in a vertical strip on the right-hand page, for extra-easy look-up. The layout of the pages has been designed to be as clear, open, and accessible as possible. We hope that users will enjoy exploring them. After the 65 topic areas, there is a phrasebook section, which lists the most useful phrases to help you cope with everyday situations.

Abbreviations and symbols

(M)	*masculine gender*
(F)	*feminine gender*
(US)	*American*
™	*trade mark*
*	*informal*

1 People 1: personal details

la personne	*person*
les personnes (F)	*people*
les gens (M)	*people*
l'adulte (M/F)	*adult*
l'homme (M)	*man*
le monsieur	*gentleman/man*
le mari/l'époux (M)	*husband*
la femme	*woman/wife*
l'épouse (F)	*wife*
la dame	*lady*
l'enfant (M/F)	*child*
le garçon	*boy*
la fille	*girl/daughter*
l'adolescent/-e (M/F)	*teenager*
le veuf/la veuve	*widower/widow*
le/la célibataire	*single man/woman*
le couple	*couple*
l'âge (M)	*age*
l'anniversaire (M)	*birthday*
la carte d'identité	*identity card*
le passeport	*passport*
le nom	*name*
le nom de famille	*surname*
le prénom	*first name*
l'adresse (F)	*address*
la rue	*street*
le numéro	*number*
la ville	*town/city*
le code postal	*postcode, zip code*
l'état civil (M)	*marital status*
la date (de naissance)	*date (of birth)*
l'an (M)	*year*
l'année (F)	*year*
le mois	*month*
le domicile	*place of residence*
le lieu de naissance	*place of birth*
le pays d'origine	*country of birth*
la nationalité	*nationality*
le sexe	*sex*
le numéro de téléphone/fax	*telephone/fax number*
l'adresse électronique (F)	*e-mail address*
la signature	*signature*

l'autorité (F)	*authority*
le/la titulaire	*holder (person)*
célibataire	*single*
marié	*married*
fiancé	*engaged*
divorcé	*divorced*
séparé	*separated*
adoptif/-ive	*adopted*
valable	*valid*
être	*to be*
avoir	*to have*
habiter	*to live*
mourir	*to die*
naître	*to be born*
s'appeler	*to be called*
épouser quelqu'un	*to marry someone*
se marier (avec)	*to get married (to)*
venir (de)	*to come (from)*
vivre	*to live*
je m'appelle Christine	*my name is Christine*
j'ai vingt-trois ans	*I'm twenty-three*
j'habite Dijon	*I live in Dijon*
je viens de Paris	*I come from Paris*
né(e) le	*born on (date of birth)*

Language in action

CARTE NATIONALE D'IDENTITE N° : 000459503997

Front
Nationalité Française
Nom: PUISATIER
Prénom(s): ANTOINE, JACQUES
Sexe: M
Né(e) le:15 10 1960 à: MAZINGARBE (62)
Taille:1,78 m
Signature du titulaire:

Back
Adresse:17 RUE DES ACACIAS LILLE (59)
Carte valable jusqu'au:10 04 2010
Délivrée le:11 04 2000 par: PREFECTURE DU NORD (59)
Signature de l'autorité:

2 People 2: family & friends

la famille	*family*
la mère	*mother*
la maman	*mum, mummy, mom*
le père	*father*
le papa	*dad, daddy*
la fille	*daughter/girl*
le fils	*son*
la sœur	*sister*
le frère	*brother*
la demi-sœur	*half-sister*
le demi-frère	*half-brother*
l'époux/l'épouse (M/F)	*husband/wife*
la femme	*wife/woman*
le mari	*husband*
la grand-mère	*grandmother*
la mamie	*gran, grandma*
le grand-père	*grandfather*
le papi	*grandad, grandpa*
les grands-parents (M)	*grandparents*
l'arrière-grand-mère (F)	*great-grandmother*
l'arrière-grand-père (M)	*great-grandfather*
la petite-fille	*granddaughter*
le petit-fils	*grandson*
les petits-enfants (M)	*grandchildren*
la tante	*aunt*
l'oncle (M)	*uncle*
la nièce	*niece*
le neveu	*nephew*
le cousin/la cousine	*cousin*
la belle-mère	*mother-in-law/stepmother*
le beau-père	*father-in-law/stepfather*
les beaux-parents (M)	*parents-in-law*
la belle-sœur	*sister-in-law*
le beau-frère	*brother-in-law*
la belle-fille	*daughter-in-law*
le gendre	*son-in-law*
le parain	*godfather*
la maraine	*godmother*
le filleul	*godson/godchild*
la filleule	*goddaughter*
l'ami/-e (M/F)	*friend*
le copain*/la copine*	*friend, mate*
la petite amie	*girlfriend*

le petit ami	*boyfriend*
le voisin/la voisine	*neighbour*
jeune	*young*
âgé	*elderly*
vieux/vieil/vieille	*old*
aîné	*elder/eldest*
seul	*alone*
avec	*with*
sans	*without*
à	*at/to*
aimer	*to like/love*
détester	*to hate*
embrasser	*to kiss*
préférer	*to prefer*
s'occuper de	*to look after*
regarder	*to look at*
élever	*to bring up*
s'entendre bien avec	*to get on well with*
sortir avec quelqu'un	*to go out/be going out with someone*
être enfant unique	*to be an only child*

Language in action

- Sylvie, tu veux voir des photos de ma sœur Nicole?
- Fais voir! C'est ta sœur? Qu'est-ce qu'elle fait jeune!
- Non, là c'est ma cousine Magali. Ma sœur est juste à côté d'elle, à droite de ma mère. Et là, c'est son mari, mon beau-frère, avec ses parents.
- Et ces deux là?
- Ce sont mes frères, Xavier, qui a deux ans de plus que moi et Jean, le petit dernier.
- La dame âgée, c'est votre grand-mère?
- Mais non voyons, je viens de te dire que c'est la belle-mère de ma soeur. D'ailleurs le bébé qu'elle a dans les bras est mon neveu. Ma sœur travaille, alors ce sont ses beaux-parents qui l'élèvent.
- Qu'est-ce qu'il est beau! Ils se ressemblent beaucoup avec la petite qui est assise au premier plan. Je parie qu'ils sont frère et sœur.
- Perdu! C'est sa cousine Marine, la filleule de mon beau-frère. Mais ma sœur a effectivement une petite fille de quatre ans. Elle s'appelle Caroline. Elle est un peu jalouse de son petit frère mais au fond elle l'aime bien.
- Oui, oui, c'est souvent comme ça!

la tête	head
le visage	face
le teint	complexion
l'œil (pl. les yeux) (M)	eye
les cils (M)	eyelashes
le sourcil	eyebrow
le front	forehead
le nez	nose
la bouche	mouth
la lèvre	lip
les dents (F)	tooth
l'oreille (F)	ear
la joue	cheek
le menton	chin
la moustache	moustache
la barbe	beard
les cheveux (M)	hair
le cou	neck
le bras	arm
le coude	elbow
la main	hand
le doigt	finger
l'ongle (M)	nail
la hanche	hip
la jambe	leg
le genou	knee
le pied	foot
la cheville	ankle
la taille	height/waist
les lunettes (F)	glasses
jeune	young
vieux/vieil/vieille	old
beau/bel/belle	good-looking/beautiful
joli	pretty
mignon/-onne	pretty/attractive/cute
laid/moche*	ugly
costaud	well-built/sturdy/strong
fort	strong/well-built
grand	tall/big
petit	small
mince	slim
maigre	thin, skinny
bronzé	suntanned

blond	*blond*
châtain	*brown-haired/brown* (hair)
noir	*black*
roux/rousse	*red-haired/red* (hair)
brun	*dark/dark-haired*
bouclé	*wavy*
frisé	*curly*
court	*short*
long/longue	*long*
bleu	*blue*
gris	*grey*
marron	*brown*
vert	*green*
clair	*light*
foncé	*dark*
retroussé	*turned-up* (nose)
admirer	*to admire*
connaître	*to know*
décrire	*to describe*
porter	*to wear*
ressembler à	*to look like*
il/elle est comment?	*what does he/she look like?*
elle est châtain	*she has brown hair*
moins...que	*less...than*
plus...que	*more...than*

Language in action

- Corinne! Bonjour, qu'est-ce qui nous vaut le plaisir de ta visite à l'école?
- Brigitte? Mais je ne savais pas que tu étais devenue instit!
- Je fais des remplacements. Pour l'instant je m'occupe de la classe de M. Boutin, il s'est cassé le bras.
- Pauvre M. Boutin, il me semblait bien intimidant avec ses lunettes épaisses et sa barbe.
- Il l'est toujours autant mais les élèves l'adorent. Tu viens chercher tes enfants?
- Non, les miens sont au lycée. En fait j'attends ma nièce Agathe.
- Agathe Cautrat?
- Oui, c'est la fille de ma sœur Christine.
- En effet, il y a un air de famille : des boucles châtain clair, un petit nez retroussé... En fait c'est tout le portrait de sa mère au même âge.
- Justement la voilà qui arrive en courant. Ça m'a fait plaisir de te revoir Brigitte. Bonne journée.
- À bientôt j'espère.

l'amitié (F)	*friendship*
l'amour (M)	*love*
la bonté	*kindness*
le charme	*charm*
la confiance	*confidence*
l'égoïsme (M)	*selfishness*
l'enthousiasme (M)	*enthusiasm*
l'espoir (M)	*hope*
la fierté	*pride*
la générosité	*generosity*
la gentillesse	*kindness*
l'imagination (F)	*imagination*
l'intelligence (F)	*intelligence*
l'intérêt (M)	*interest*
la jalousie	*jealousy*
l'envie (F)	*envy*
la paresse	*laziness*
le sens de l'humour	*sense of humour*
le souci	*worry*
l'impatience	*impatience*

agréable	*pleasant*
sympathique/sympa*	*nice*
aimable	*nice, friendly*
gentil/gentille	*kind, nice*
charmant	*charming*
formidable	*great, fantastic*
drôle/marrant*	*funny*
amusant	*amusing*
intéressant	*interesting*
intelligent	*clever, intelligent*
malin/maligne	*clever*
doué	*gifted*
poli	*polite*
honnête	*honest*
sérieux/-ieuse	*serious*
travailleur/-euse	*hardworking*
efficace	*efficient*
serviable	*obliging*
sage	*well-behaved*
actif/-ive	*active*
sportif/-ive	*sporty*
timide	*shy*
désagréable	*unpleasant*
insupportable	*unbearable*

impoli	*rude, impolite*
méchant	*spiteful*
malhonnête	*dishonest*
égoïste	*selfish*
bête	*stupid*
bizarre, étrange	*odd, strange*
fou/fol/folle	*mad, crazy*
têtu	*stubborn*
distrait	*absent-minded*
étourdi	*careless, scatterbrained*
fainéant	*lazy*
paresseux/-euse	*lazy*
gâté	*spoiled*
maladroit	*clumsy*
heureux/-euse	*happy/fortunate*
joyeux/-euse	*happy*
malheureux/-euse	*unhappy/unfortunate*
content	*pleased, happy*
excité	*excited*
calme	*calm*
triste	*sad*
déçu	*disappointed*
amoureux/-euse	*in love*
jaloux/-ouse	*jealous*
nerveux/-euse	*nervous*
inquiet/inquiète	*worried*
effrayé	*scared, frightened*
fâché	*angry, annoyed*
furieux/-ieuse	*furious*
déprimer	*to be/get depressed*
espérer	*to hope*
pouvoir	*to be able*
savoir	*to know*
vouloir	*to want, wish*
avoir l'air	*to look*
tu as l'air fatigué	*you look tired*
avoir mauvais caractère	*to be bad-tempered*
avoir peur (de)	*to be afraid (of)*
être de bonne/mauvaise humeur	*to be in a good/bad mood*
être en colère	*to be angry*
être impressionné (par)	*to be impressed (by)*
savoir faire	*to know how to, to be able to*
elle sait jouer du piano	*she can play the piano*
se faire du souci (pour)	*to be worried (about)*

bonjour (madame/monsieur)	*hello, good morning/afternoon*
bonsoir (madame/monsieur)	*hello, good evening*
allô!	*hello! (answering telephone)*
salut!	*hi!/see you!*
bonjour à tes parents	*say hello to your parents*
bonne journée!	*have a nice day!*
bonne chance!	*good luck!*
bon courage!	*good luck!*
bon anniversaire/joyeux anniversaire!	*happy birthday!*
bonne année!	*happy New Year!*
joyeux Noël!	*happy Christmas!*
appeler quelqu'un	*to ring/call someone*
téléphoner à quelqu'un	*to telephone someone*
poser une question	*to ask a question*
avoir rendez-vous avec quelqu'un	*to have arranged to meet someone*
au revoir	*goodbye*
à tout à l'heure	*see you/speak to you later*
à bientôt	*see you/speak to you soon*
à demain	*see you/speak to you tomorrow*
à tout de suite	*see you/speak to you in a minute*
comment vas-tu/allez-vous?	*how are you?*
(comment) ça va?*	*how are you?*
ça va (bien) merci	*fine, thanks*
je te/vous présente...	*have you met...?*
enchanté(e)	*pleased to meet you*
s'il te/vous plaît	*please*
merci	*thank you*
je t'en prie/je vous en prie	*you're welcome*
pardon	*excuse me*
excuse-moi/excusez-moi!	*sorry!*
je suis désolé(e)	*I'm sorry*
il n'y a pas de mal	*it's all right*
ça ne fait rien	*it doesn't matter*
ne t'en fais pas/ne vous en faites pas	*don't worry*
être d'accord (avec)	*to agree (with)*

je suis d'accord (avec toi/ lui)	I agree (with you/him)
ça m'est égal	I don't mind
je crois que oui	I think so
je ne crois pas	I don't think so
je ne sais pas	I don't know
ça m'étonnerait	I'd be surprised
rencontrer	to meet
se voir	to see each other/one another
bavarder	to chat/chatter
causer	to chat
demander	to ask
répondre	to reply, answer
discuter	to discuss
s'amuser (bien)	to enjoy oneself
inviter	to invite
se disputer	to quarrel
s'excuser	to apologize

Language in action

M-L: Salut Carole! Quelle surprise! Qu'est-ce que tu fais par ici?

C: Salut Marie-Laure! Ça fait très longtemps qu'on ne s'est pas vues. Comment ça va?

M-L: Plutôt bien, merci. J'ai beaucoup de travail, comme toujours - et toi, ça va?

C: Très bien, même si ma vie a beaucoup changé. J'ai changé de travail et je ne sors plus avec Jean-François.

M-L: Je suis désolée. Tu as effectivement l'air un peu fatiguée.

C: Ne t'en fais pas, c'est mieux comme ça. Nous étions toujours en train de nous disputer. Nous n'étions jamais d'accord. Oui, c'est mieux comme ça.

M-L: Je suis d'accord avec toi. Est-ce que tu as le temps de prendre un café et de discuter un peu?

C: Je ne crois pas, j'ai rendez-vous avec une copine. Mais on pourrait se voir un autre jour?

M-L: Mais oui, c'est une bonne idée. Est-ce que tu es libre demain après-midi?

C: Demain, je suis désolée, mais je ne peux pas.

M-L: Ça ne fait rien. Je t'appellerai et on organisera quelque chose. Tiens! Voilà ma copine - Carole, je te présente Amélie.

C: Enchantée. Vous vous connaissez depuis longtemps?

A: Depuis quelques mois. Nous travaillons ensemble. Marie-Laure m'a beaucoup parlé de toi.

M-L: Nous devons partir maintenant, mais on se téléphonera.

C: Entendu! Alors, au revoir - et à bientôt!

M-L: A bientôt, Carole. Au revoir!

6 Home 1: the house & flat

la maison (individuelle)	*(detached) house*
la maison jumelée	*semi-detached house*
le duplex	*maisonette, duplex*
l'appartement (M)	*flat, apartment*
le studio	*bedsit, studio apartment*
l'immeuble (M)	*block of flats/apartments*
l'étage (M)	*floor, storey*
le sous-sol	*basement*
le mur	*wall*
le toit	*roof*
la fenêtre	*window*
la porte-fenêtre	*French window*
le volet	*shutter*
le balcon	*balcony*
la terrasse	*terrace/patio*
l'ascenseur (M)	*lift, elevator*
la porte (d'entrée)	*(front) door*
l'entrée (F)	*entrance/hall*
le couloir	*corridor, hallway*
l'escalier (M)	*stairs, staircase*
le palier	*landing*
la pièce	*room*
le salon	*lounge, sitting room*
le séjour	*living room*
la salle à manger	*dining room*
la chambre (d'amis)	*(spare) bedroom*
la cuisine (intégrée)	*(fitted) kitchen*
la buanderie	*utility room*
la salle de bains	*bathroom*
les toilettes (F)	*toilet, bathroom (US)*
le grenier	*loft, attic*
le sol	*floor*
le plafond	*ceiling*
le chauffage central	*central heating*
l'électricité (F)	*electricity*
le gaz	*gas*
la boîte à lettres	*letter box, mailbox*
la clé	*key*
spacieux/-ieuse	*spacious, large*
minuscule	*tiny*
moderne	*modern*
neuf/neuve	*new*

ancien/-ienne	old
meublé	furnished
ensoleillé	sunny
sombre	dark
assez	quite
enfin	at last
entièrement	completely, entirely
en tout	altogether
à l'intérieur	inside
à l'extérieur	outside
en bas	downstairs
en haut	upstairs
acheter	to buy
louer	to rent/let
entrer	to go/come in
sortir	to go/come out
monter	to go/come up
descendre	to go/come down
rentrer (chez soi)	to go/come home
donner sur	to overlook/open onto
au premier/sixième étage	on the first/sixth floor
au printemps	in (the) spring
en été/automne/hiver	in (the) summer/autumn/winter
sans compter	not counting

Language in action

Grangeneuve
dimanche 7 février

Chère Chrystelle

J'ai une bonne nouvelle! Nous avons enfin trouvé la maison de nos rêves! Elle est plutôt grande. Il y a sept pièces en tout, sans compter le grenier et la cave. Au rez-de-chaussée il y a un vaste séjour avec deux portes-fenêtres qui donnent sur une petite terrasse ensoleillée. La cuisine est assez grande et très claire. Elle est entièrement équipée et il y a un très joli carrelage. De l'autre côté de l'entrée, il y a une petite pièce assez sombre. Je compte y installer mon bureau. En haut nous avons en tout quatre chambres. La plus grande sera pour nous, elle se trouve juste en face de la salle de bains. Jérôme et Julie auront le leur à chaque extrémité du couloir et la quatrième sera la chambre d'amis. On t'invitera au printemps!
A bientôt, je t'embrasse
Sophie

les meubles (M)	*furniture*
le papier peint	*wallpaper*
la moquette	*(fitted) carpet*
le tapis	*rug*
la chaise	*chair*
le fauteuil	*armchair*
le canapé	*sofa, couch*
le tabouret	*stool*
la table	*table*
la table basse	*coffee table*
la bibliothèque	*bookcase*
le livre, le bouquin*	*book*
l'étagère (F)	*shelf/shelf unit*
le piano	*piano*
la cheminée	*fireplace, mantlepiece*
le radiateur	*radiator*
le rebord de la fenêtre	*window sill*
le coussin	*cushion*
le rideau	*curtain, drape*
le tissu	*fabric*
la lampe	*lamp*
l'abat-jour (M)	*lampshade*
le tableau	*picture/painting*
le cadre	*frame*
la glace, le miroir	*mirror*
l'horloge (F)	*clock*
la pendule	*(wall) clock*
la plante d'intérieur	*houseplant*
les fleurs (F)	*flowers*
le vase	*vase*
le bibelot	*ornament*
le cendrier	*ashtray*
la télévision, la télé*	*television, TV, telly*
la chaîne (hi-fi)	*stereo*
la platine laser	*CD player*
le CD, le disque compact	*CD, compact disk*
le téléphone	*telephone*
le répondeur	*answering machine*
le changement	*change*
accueillant	*welcoming/cosy*
confortable	*comfortable*
affreux/-euse	*awful, dreadful*
vilain	*ugly*

ravissant	*beautiful, delightful*
près de	*near*
à côté de	*next to*
devant	*in front of*
derrière	*behind*
contre	*against*
récemment	*recently*
se détendre	*to relax*
s'asseoir	*to sit down*
se mettre debout	*to stand up*
discuter, causer	*to chat*
changer	*to change*
(re)peindre	*to (re)paint*
tapisser	*to wallpaper*
raconter	*to tell* (news, story)
amener	*to bring*
épousseter	*to dust*
être à l'aise	*to be comfortable*
viens t'asseoir!	*come and sit down!*
tu trouves?	*do you think so?*
pas mal de	*quite a few*
raconte-moi ce que tu deviens!	*tell me your news!*
boire l'apéritif	*to have an aperitif*

Language in action

- Françoise, bonsoir! Je suis contente de te revoir!
- Bonsoir Patricia. Mais dis-moi, c'est très accueillant chez toi!
- Tu trouves? C'est vrai que nous avons fait pas mal de changements récemment.
- Quelle superbe bibliothèque, tu dois en passer du temps pour épousseter tous ces livres!
- Elle était dans le bureau de Paul. Il n'a accepté de la mettre dans le séjour qu'à la condition d'y amener aussi son affreux fauteuil en cuir.
- Il n'est pas si vilain et quant à cette pendule, je la trouve ravissante! Ce petit tableau n'est pas mal non plus. La pièce semble vraiment différente. Est-ce que vous avez retapissé?
- Non, on a juste changé les rideaux et ajouté quelques lampes ... et des tapis aussi.
- Toutes ces fleurs, ces bibelots... ça me plaît beaucoup.
- Viens, asseyons-nous près de la cheminée. Nous y serons plus à l'aise pour bavarder.

8 Home 3: the dining room

la table	*table*
la chaise	*chair*
le buffet	*sideboard, buffet*
le petit-déjeuner	*breakfast*
le déjeuner	*lunch*
le dîner	*dinner, supper*
la nappe	*tablecloth*
la serviette	*napkin, serviette*
les couverts (M)	*cutlery*
le couteau	*knife*
la fourchette	*fork*
la cuillère (à soupe)	*(soup) spoon*
la petite cuillère	*teaspoon*
la vaisselle	*crockery, dishes*
l'assiette (F)	*plate*
l'assiette à soupe (F)	*soup plate*
le plat	*dish*
le bol	*bowl*
le saladier	*salad bowl*
la coupe à fruits	*fruit bowl*
le sucrier	*sugar bowl*
la tasse	*cup*
la tasse à café	*coffee cup*
la soucoupe	*saucer*
la théière	*teapot*
la cafetière	*coffee pot*
le verre	*glass*
le sel	*salt*
le poivre	*pepper*
la moutarde	*mustard*
le dessous-de-plat	*mat (for hot dish)*
le pichet	*jug*
la bouteille	*bottle*
la corbeille à pain	*bread basket*
la bougie	*candle*
le bougeoir	*candlestick*
le plateau	*tray*
vite, rapidement	*quickly*
doucement, lentement	*slowly*
manger	*to eat*
boire	*to drink*
déjeuner	*to have breakfast/lunch*

22

dîner	to have dinner/supper
préparer	to prepare
servir	to serve
apporter	to bring
mettre	to put
prendre	to take
enlever	to take off/away
emporter	to take away
commencer	to start, begin
terminer	to finish
avant de faire	before doing
après avoir fait	after doing
être en train de faire	to be (busy) doing
venir de faire	to have just done
commencer à faire	to start doing
finir de faire	to finish doing
mettre la table	to set the table
débarrasser la table	to clear the table
se mettre à table	to sit down to eat
bon appétit!	enjoy your meal!
sers-toi/servez-vous!	help yourself/yourselves!
se servir de légumes	to help oneself to vegetables
passe-moi ton assiette	pass me your plate
avez-vous terminé?	have you finished?

Language in action

- À table, les enfants! Florent, apporte la corbeille à pain, elle est juste derrière toi, sur le buffet.
- Émilie, elle a pas voulu mettre la table avec moi et Sébastien, il a les mains sales.
- Et toi, tu as oublié les couteaux!
- Maman, Sébastien m'a piqué la main avec sa fourchette!
- Sébastien, passe-moi ton assiette et prends ta serviette. Fais attention, c'est chaud!
- Qu'est-ce qu'il y a comme dessert?
- De la salade de fruits. Florent, passe-moi le sel, veux-tu?
- À la cantine, on a du gâteau tous les jours, et puis des frites et du coca aussi.
- Raison de plus pour profiter de ce que vous êtes à la maison pour manger des fruits et des légumes. Attention Émilie, tu vas renverser la carafe. Je vais être obligée de relaver la nappe.
- C'est pas ma faute, c'est Florent qui l'a posée là! Moi aussi, je voudrais du gâteau.
- Si vous continuez comme ça, je ne sais même pas s'il y aura un dessert!

la cuisinière (électrique/à gaz)	*(electric/gas) cooker*
la hotte	*extractor hood*
l'électroménager (M)	*electrical appliances*
le four	*oven*
le four à micro-ondes	*microwave oven*
la bouilloire (électrique)	*(electric) kettle*
la cafetière électrique	*coffee machine*
le grille-pain	*toaster*
le frigidaire, le frigo*	*fridge*
le congélateur	*freezer*
le lave-vaisselle	*dishwasher*
la chaudière	*(central heating) boiler*
l'évier (M)	*sink*
le robinet	*tap, faucet*
la table de cuisine	*kitchen table*
le plan de travail	*work surface*
le placard	*cupboard, closet*
l'élément (mural) (M)	*(wall) unit*
le rangement	*storage unit*
le tiroir	*drawer*
la poignée	*handle, knob*
l'accessoire (M)	*accessory*
l'étagère (F)	*shelf*
la poubelle	*bin, garbage can*
le sac poubelle	*bin liner*
la planche à découper	*chopping board*
la planche à pain	*breadboard*
la casserole	*saucepan*
le couvercle	*lid*
la poêle	*frying pan*
la cocotte-minute	*pressure cooker*
le saladier	*salad/mixing bowl*
le couteau	*knife*
la cuillère	*spoon*
les ciseaux (M)	*scissors*
la passoire	*sieve, colander*
le bocal	*storage jar*
la boîte	*can*
l'ouvre-boîtes (M)	*can opener*
le tire-bouchon	*corkscrew*
le décapsuleur	*bottle-opener*
le paquet	*packet*

le tube	tube
l'essuie-tout (M)	kitchen paper
le papier d'aluminium	kitchen foil
le tablier	apron
le torchon	tea towel

commode	convenient
pratique	practical, handy
utile	useful
bien organisé	well organized
dangereux/-euse	dangerous
coupant	sharp
bien rangé	tidy

cuisiner	to cook, do the cooking
utiliser	to use
laver	to wash
nettoyer	to clean
essuyer	to wipe, dry
encastrer	to build in (hob, oven, etc.)

mettre la bouilloire à chauffer	to put the kettle on
faire la cuisine	to do the cooking
être en désordre	to be untidy
ranger la cuisine	to tidy the kitchen
faire la vaisselle	to do the washing-up
ouvrir/fermer le robinet	to turn on/off the tap
sortir la poubelle	to take the bin out
faire attention	to be careful
vaste choix de	huge range of

Language in action

Une cuisine intégrée à la fois moderne et chaleureuse pour seulement 5 000 F!

Existe en 3 coloris (jaune, caramel ou saumon), plan de travail assorti (gris ou imitation hêtre).

La combinaison de base comprend les éléments suivants :
- Meuble bas sous évier, 2 portes, 1 étagère.
- Meuble bas pour four encastrable.
- Meuble bas, 1 porte, 1 tiroir.
- Élément mural 2 portes, 2 étagères.
- Élément mural vitré, 1 étagère.
- Façade pour hotte encastrable.
- Armoire pour électroménager (réfrigérateur/congélateur).

Vaste choix de poignées, robinets et accessoires. Tarifs préférentiels sur l'électroménager de grandes marques.

le ménage	*housework*
la tâche	*job, task*
la femme de ménage	*cleaning lady*
l'aspirateur (M)	*vacuum cleaner*
le balai	*(sweeping) brush*
la balayette	*(hand)brush*
la pelle	*dustpan*
le manche	*handle*
la cuvette (pour la vaisselle)	*(washing-up) bowl*
le seau	*bucket*
le chiffon	*duster*
le gant en caoutchouc	*rubber glove*
l'éponge (F)	*sponge*
le produit à vaisselle	*washing-up liquid*
les produits de ménage (M)	*cleaning products*
le désinfectant	*disinfectant*
l'eau de javel (F)	*bleach*
la bombe (aérosol)	*aerosol, spray can*
la cire	*(wax) polish*
le sac	*bag*
le sac poubelle	*bin liner*
la machine	*machine*
la machine à laver	*washing machine*
le lave-vaisselle	*dishwasher*
le sèche-linge	*tumble drier*
la lessive	*washing powder/liquid*
l'assouplissant (M)	*fabric softener*
la corbeille à linge	*linen basket*
la corde à linge	*washing line*
la pince à linge	*clothes peg*
le repassage	*ironing*
le fer à repasser	*iron*
la planche à repasser	*ironing board*
la machine à coudre	*sewing machine*
le sol	*floor*
le carrelage	*tiled floor, tiling*
le carreau	*tile/windowpane*
la vitre	*window(pane)*
la graisse	*grease*
la poussière	*dust*
difficile	*difficult, hard*
facile	*easy*

mouillé	*wet*
propre	*clean*
sale	*dirty*
sec/sèche	*dry*
méticuleusement	*thoroughly*
nettoyer	*to clean*
balayer	*to sweep*
cirer	*to polish*
éponger	*to sponge*
épousseter	*to dust*
essuyer	*to wipe*
frotter	*to rub*
mouiller	*to wet*
sécher	*to dry*
remplir	*to fill*
vider	*to empty*
repasser	*to iron*
faire le ménage	*to do the housework*
faire la vaisselle	*to wash up*
faire la lessive	*to do the washing*
étendre le linge	*to hang out the washing*
faire le repassage	*to do the ironing*
nettoyer les carreaux	*to clean the windows*
passer l'aspirateur	*to vacuum*
mettre de l'ordre	*to tidy*

Language in action

Lundi

Passer l'aspirateur et épousseter les meubles.

Mardi

Faire la lessive et étendre le linge (éviter le sèche-linge qui consomme beaucoup trop).

Laver la salle de bains. Astiquer les miroirs.

Mercredi

Nettoyer à fond la cuisine (ne pas hésiter à frotter, bien récurer les plaques de cuisson).

Jeudi

Passer l'aspirateur et laver le carrelage. Nettoyer les carreaux.

Vendredi

Épousseter et cirer les meubles.

Repasser la lessive.

Une fois par mois

Dégivrer le congélateur et laver le frigo à l'eau javellisée.

Cirer le parquet.

la cuillère	*spoon*
la cuillerée	*spoonful*
la cuillère à soupe	*tablespoon(ful)*
le moule (à tartes)	*(tart) tin*
le rouleau à pâtisserie	*rolling pin*
l'ingrédient (M)	*ingredient*
le mélange	*mixture*
la purée	*purée*
la pâte	*pastry/dough/paste*
la pâte à frire	*batter*
les aromates (M)	*herbs and spices*
les fines herbes (F)	*herbs*
l'épice (F)	*spice*
la gousse d'ail	*clove of garlic*
le morceau	*piece*
la tranche	*slice*
le noyau	*stone, pit*
la peau	*skin, peel*
la cuisson	*cooking/cooking time*
chaud	*hot*
froid	*cold*
tiède	*(luke)warm*
prêt	*ready*
frais/fraîche	*fresh*
congelé	*frozen*
en conserve	*canned*
cuit	*cooked*
cru	*raw*
épais/épaisse	*thick*
fin/fine	*fine, thin*
lisse	*smooth*
liquide	*liquid*
haché	*chopped, minced*
bien	*well, thoroughly*
doucement	*gently, slowly*
vite, rapidement	*quickly*
finement	*finely*
cuire	*to cook*
cuisiner	*to cook, do the cooking*
chauffer	*to heat*
refroidir	*to cool*
bouillir	*to boil*
mijoter	*to simmer*

rôtir	to roast
frire	to fry
griller	to grill, broil
faire dorer	to brown
faire revenir	to soften (in oil/butter)
brûler	to burn
allumer	to light, turn on
éteindre	to turn off
remplir	to fill
vider	to empty
préparer	to prepare
mélanger	to mix
battre	to beat
fouetter	to whip
couper	to cut
hacher	to chop/mince
éplucher	to peel
enlever	to remove
ajouter	to add
assaisonner	to season
décongeler	to defrost, thaw
servir	to serve
faire cuire/ faire mijoter quelque chose	to cook/simmer something
à feu vif/doux/moyen	on a high/low/medium heat
commencer à faire	to start doing
finir de faire	to finish doing
baisser le feu	to lower the heat

Language in action

Langues de chat

Préparation: 10 mn.
Cuisson: 10 mn.

Pour 6 personnes:
200 g. de farine
225 g. de beurre
200 g. de sucre
3 œufs

Mélanger le sucre et la farine. Ajouter le beurre puis les œufs. Beurrer un moule à langues de chat. Mettre une cuillerée de pâte dans chacune des divisions du moule. Faire cuire au four, thermostat 7, pendant 10 minutes.

le lit	bed
l'armoire (F)	wardrobe, closet
la lampe	lamp
le réveil	alarm clock
le radio-réveil	radio alarm
la couette	duvet
la housse de couette	duvet cover
la couverture	blanket
le drap (housse)	(fitted) sheet
l'oreiller (M)	pillow
la taie d'oreiller	pillowcase
le dessus-de-lit	bedspread
la salle de bains	bathroom
la baignoire	bath(tub)
la douche	shower
le lavabo	handbasin
les toilettes (F)	toilet
la glace, le miroir	mirror
le robinet	tap
l'eau chaude/froide	hot/cold water
le papier hygiénique	toilet paper
l'éponge (F)	sponge
le gant de toilette	flannel
le savon	soap
la serviette (de bain)	(bath) towel
le tapis de bain	bathmat
le peigne	comb
la brosse	brush
la brosse à dents	toothbrush
la brosse à ongles	nailbrush
les ciseaux (M)	scissors
la pince à épiler	tweezers
le rasoir	razor
le sèche-cheveux	hairdryer
le dentifrice	toothpaste
le gel douche	shower gel
le shampooing	shampoo
le déodorant	deodorant
la crème	cream
la crème à raser	shaving cream
la crème hydratante	moisturizer
le maquillage	make-up

de bonne heure	*early*
tard	*late*
se coucher	*to go to bed*
se lever	*to get up*
s'étendre	*to lie down*
s'endormir	*to fall asleep*
se réveiller	*to wake up*
dormir	*to sleep*
rêver	*to dream*
faire un cauchemar	*to have a nightmare*
avoir sommeil	*to be sleepy*
bâiller	*to yawn*
faire la grasse matinée	*to have a lie-in, to sleep late*
s'habiller	*to get dressed*
se déshabiller	*to get undressed*
prendre une douche	*to have a shower*
prendre un bain	*to have a bath*
se laver	*to wash (oneself)*
se laver les cheveux	*to wash one's hair*
se laver les dents	*to clean one's teeth*
se peigner	*to comb one's hair*
se raser	*to shave*
se maquiller	*to put on one's make-up*
se démaquiller	*to remove one's make-up*
mettre sonner le réveil	*to set the alarm clock*
bonne nuit!	*goodnight!*
dors bien!	*sleep well!*
fais de beaux rêves!	*sweet dreams!*

Language in action

Brigitte: Voilà, les lits sont prêts. Si tu as froid, il y a des couvertures dans l'armoire.

Anne: On va devoir se lever tôt demain. Rien que pour la toilette, il nous faudra au moins deux heures, le temps pour chacune de prendre sa douche, de se maquiller puis de s'habiller... Je ferais mieux de me laver les cheveux ce soir. Est-ce que tu peux me prêter un peigne? J'ai oublié le mien.

Brigitte: Tu trouveras tout ce qu'il te faut dans le grand tiroir. Il y a aussi un sèche-cheveux. Le shampooing et le gel douche sont près du lavabo et les serviettes sont posées sur le rebord de la baignoire. Je vais mettre sonner le réveil à cinq heures. Bonne nuit!

Anne: À demain. Dors bien!

le jardin	*garden, yard*
le jardin potager	*vegetable garden*
l'arbre (fruitier) (M)	*(fruit) tree*
la branche	*branch*
l'arbuste (M)	*shrub*
la plante	*plant*
la fleur	*flower*
la feuille	*leaf*
la plate-bande	*flowerbed*
l'herbe (F)	*grass*
le gazon	*lawn*
les mauvaises herbes (F)	*weeds*
la clôture	*fence*
la haie	*hedge*
le garage	*garage*
la remise	*shed*
la serre	*greenhouse*
les graviers (M)	*gravel*
l'outil (M)	*tool*
la tondeuse (à gazon)	*lawnmower*
la brouette	*wheelbarrow*
la bêche	*spade*
le râteau	*rake*
l'arrosoir (M)	*watering can*
le désherbant	*weedkiller*
l'engrais (M)	*fertilizer*
l'animal domestique (M)	*pet*
le chat	*cat*
le chaton	*kitten*
le chien	*dog*
le chiot	*puppy*
le cheval	*horse*
le cochon d'Inde	*guinea pig*
la gerbille	*gerbil*
le hamster	*hamster*
le lapin	*rabbit*
l'oiseau (M)	*bird*
le perroquet	*parrot*
la perruche	*budgie*
le poisson-rouge	*goldfish*
la tortue	*tortoise*
l'insecte (M)	*insect*
la mouche	*fly*

le moustique	mosquito
l'abeille (F)	bee
la guêpe	wasp
l'araignée (F)	spider

carré	square
mûr	ripe
ovale	oval
plat	flat
propre	clean, tidy, clear
rectangulaire	rectangular
rond	round
sauvage	wild
d'antan	of old, of days gone by

bêcher	to dig
planter	to plant
cultiver	to grow/cultivate
pousser	to grow
arroser	to water
cueillir	to pick
ramasser	to pick, gather
arracher	to pull up
nettoyer	to clean, tidy
tondre	to mow
couper	to cut
tailler	to prune
s'approvisionner en	to stock up on

Language in action

L'édito de mars

Avec l'arrivée du printemps, le jardin réclame de nouveau toute votre attention. Commencez par un inventaire des outils de la remise. Songez également à vous approvisionner en engrais, désherbant, ...

Pour ce qui est de l'entretien du gazon, privilégiez les produits non toxiques; ainsi enfants et animaux domestiques pourront s'y ébattre en toute sécurité. Ne tardez plus à tailler les rosiers grimpants. Aménagez des plates-bandes colorées.

Enfin retrouvez le charme des jardins d'antan. Plantez et semez les herbes aromatiques en carrés bordés de buis au jardin ou cultivez-les en pot près de la cuisine. Joignez l'utile à l'agréable en agrémentant votre potager de fleurs telles que la capucine qui attire les parasites et protège ainsi vos légumes.

Toute la rédaction vous souhaite un agréable printemps au jardin.
La vie des jardins

la fête	*party/festival*
la soirée	*party/evening*
l'invitation (F)	*invitation*
l'hôte (M)	*host*
l'invité/-e (M/F)	*guest*
la musique	*music*
le groupe	*group, band*
le verre	*glass*
le gobelet en plastique	*plastic cup*
la serviette (en papier)	*(paper) napkin*
la nappe (en papier)	*(paper) tablecloth*
la boisson	*drink*
la boisson non-alcoolisée	*soft drink*
le coca™	*Coke™*
le jus de fruit	*fruit juice*
l'alcool (M)	*alcohol*
la bière	*beer*
le cidre	*cider*
le vin rouge/blanc/rosé	*red/white/rosé wine*
le champagne	*champagne*
le vin mousseux	*fizzy wine*
le repas	*meal*
le dîner	*dinner*
les amuse-gueule (M)	*nibbles*
les chips (F)	*crisps*
le gâteau	*cake*
l'anniversaire (M)	*birthday*
l'anniversaire de mariage (M)	*wedding anniversary*
les fêtes de fin d'année	*the festive season*
le réveillon	*Christmas Eve/New Year's Eve party*
le jour de Noël	*Christmas day*
la Saint-Sylvestre	*New Year's Eve*
le nouvel an	*New Year*
le jour de l'an	*New Year's Day*
la Saint-Valentin	*St Valentine's Day*
le Mardi gras	*Shrove Tuesday*
la fête des Mères/Pères	*Mother's/Father's Day*
le dimanche de Pâques	*Easter Sunday*
le quatorze juillet	*Bastille Day*
d'accord	*okay, all right*
formidable	*great, terrific*

inviter	*to invite*
répondre	*to reply*
remercier	*to thank*
accueillir	*to welcome, receive*
fêter	*to celebrate*
danser	*to dance*
chanter	*to sing*
écouter	*to listen (to)*
boire	*to drink*
manger	*to eat*
s'amuser (bien)	*to enjoy oneself*
s'éclater	*to have a great time*
rire	*to laugh*
sourire	*to smile*
une soirée costumée	*a fancy-dress party*
déguisé en	*dressed up as*
je veux bien	*I'd love to*
ça dépend	*it depends*
je ne veux pas	*I don't want to*
je ne pourrai pas venir	*I won't be able to come*
faire la fête	*to celebrate*
boire à la santé de quelqu'un	*to drink to someone's health*
qu'est-ce que tu veux boire?	*what would you like to drink?*

Language in action

Salut les copains! J'ai réparti les tâches pour l'organisation de notre fabuleuse soirée costumée:

Eric:
- Envoyer les invitations (tu mets qu'il s'agit d'une soirée costumée, que tout le monde doit venir déguisé en gitan et tu précises bien qu'il faut répondre).
- Sélectionner de la musique pour danser. Pas de musique bizarre.
- Téléphoner aux voisins pour les prévenir que nous allons faire du bruit. Ou mieux encore, invite-les aussi!

Jean-Luc: (puisque tu as une voiture tu vas faire les courses)
- Acheter des gobelets en plastique et des assiettes en carton. Des serviettes aussi!
- Acheter à boire: beaucoup de bière mais aussi du vin et pas mal de boissons non alcoolisées (jus de fruits, coca et de l'eau)
- Acheter aussi à manger: pain, chips, jambon, olives, des trucs comme ça.
Je vous aiderais volontiers, mais je travaille. Je m'engage à faire les sandwiches. On va s'éclater!

15 Time expressions

le temps	time
l'an (M)	year
l'année (F)	year
le mois	month
la semaine	week
le jour/la journée	day
l'heure (F)	hour/time (by the clock)
la minute	minute
la seconde	second
la pendule/l'horloge (F)	clock
le réveil	alarm clock
la montre	watch
l'aiguille (F)	hand (on clock, watch)
la demi-heure	half hour, half an hour
la demie	half
le quart	quarter
le quart d'heure	quarter of an hour
le matin/la matinée	morning
l'après-midi (M)	afternoon
le soir/la soirée	evening
la nuit	night
le lendemain (de)	the day after
la veille (de)	the day/evening before
le week-end, la fin de semaine	weekend

prochain	next
dernier/-ière	last
suivant	following
midi	midday, noon
minuit	midnight
aujourd'hui	today
demain	tomorrow
hier	yesterday
après-demain	the day after tomorrow
avant-hier	the day before yesterday

après	after
avant	before
pendant	during
depuis	since
déjà	already
bientôt	soon
récemment	recently

tout de suite	*immediately, at once*
souvent	*often*
rarement	*rarely, seldom*
de bonne heure	*early*
tard	*late*
combien	*how much/many*
presque	*almost*
quand	*when*
la semaine prochaine/ dernière	*next/last week*
l'année prochaine/ dernière	*next/last year*
juste après/avant	*just after/before*
la veille/le lendemain du match	*the day before/day after the match*
quelle heure est-il?	*what time is it?*
il est dix heures	*it's ten o'clock*
il est dix heures et demie	*it's half past ten*
il est dix heures et quart	*it's quarter past ten*
il est dix heures moins le quart	*it's quarter to ten*
à dix heures vingt	*at twenty past ten*
à dix heures moins vingt	*at twenty to ten*
dans une demi-heure	*in half an hour*
dans un quart d'heure	*in a quarter of an hour*
dans dix minutes	*in ten minutes*
être en avance	*to be early*
être en retard	*to be late*
être à l'heure	*to be on time*
depuis quand?	*since when?*
depuis lundi	*since Monday*
depuis combien de temps habitez-vous ici?	*how long have you been living here?*
nous sommes là depuis cinq ans	*we've been here for five years*
je le connais depuis trois ans	*I've known him for three years*
depuis que nous habitons à Tours	*since we've been living in Tours*
je la connais depuis 1990	*I've known her since 1990*
je l'ai rencontré en 1996	*I met him in 1996*
j'ai travaillé pendant trois heures/cinq ans	*I worked for three hours/five years*
il y a six ans	*six years ago*

16 Shopping 1: shops

le magasin	*shop, store*
le grand magasin	*department store*
la boutique	*(small) shop*
le marché	*market*
le supermarché	*supermarket*
la grande surface	*hypermarket*
l'hypermarché (M)	*hypermarket*
l'alimentation générale (F)	*convenience store*
le libre-service	*self-service store*
la boucherie	*butcher's (shop)*
la charcuterie	*pork butcher's/delicatessen*
la poissonnerie	*fishmonger's (shop)*
la crémerie, la fromagerie	*cheese shop*
le marchand de fruits et légumes	*greengrocer*
l'épicerie (F)	*grocer's*
la boulangerie	*baker's (shop)*
la pâtisserie	*cake shop*
la confiserie	*sweetshop*
le magasin bio*	*healthfood shop*
le marchand de vin	*wine merchant*
le bureau de tabac	*tobacconist's (shop)*
la bijouterie	*jeweller's (shop)*
la librairie	*bookshop*
le magasin de journaux	*newsagent's*
la papeterie	*stationer's (shop)*
la pharmacie	*pharmacy*
la droguerie	*hardware shop*
la quincaillerie	*ironmonger's (shop)*
le magasin de sport	*sports shop*
le magasin de meubles	*furniture shop*
l'antiquaire (M/F)	*antique dealer*
la brocante	*junk shop*
la galerie d'art	*art gallery*
le magasin de vêtements	*clothes shop*
la parfumerie	*perfumery*
le magasin de chaussures	*shoe shop*
le pressing	*dry cleaner's*
la cordonnerie	*cobbler's*
le coiffeur/la coiffeuse	*hairdresser*
l'opticien/-ienne (M/F)	*optician*
l'agence de voyage (F)	*travel agency*
l'agence immobilière (F)	*estate agent's*

la banque	bank
la caisse d'épargne	savings bank
le client/la cliente	customer
le vendeur/la vendeuse	sales assistant
le caissier/la caissière	checkout assistant
le gérant/la gérante	manager
les soldes (F)	sales
acheter	to buy
aider	to help
chercher	to look for, want
choisir	to choose
demander	to ask (for)
payer	to pay (for)
entrer	to go/come in
sortir	to go/come out
chez le coiffeur	at the hairdresser's
à la pharmacie	in the pharmacy
au supermarché	in the supermarket
faire des courses	to go shopping
faire du lèche-vitrines	to go window-shopping
prendre rendez-vous	to make an appointment
en vente ici	on sale here
fermeture annuelle	annual holiday
heures d'ouverture	opening hours
prière de ne pas toucher	please do not touch
prix chocs	rockbottom prices
prix réduits	reductions

Language in action

Liste des courses à faire:

- faire les courses au supermarché - boissons, plats cuisinés... Si possible passer au magasin bio pour les produits frais - fruits, légumes, laitages.
- commander une "forêt-noire" à la pâtisserie du centre-ville pour l'anniversaire de Zoé
- prendre rendez-vous chez le coiffeur
- passer prendre la veste de Dominique au nettoyage à sec
- 18 h : lèche-vitrines au centre commercial avec Pascaline

les vêtements (M)	clothes
les fringues* (F)	clothes
la jupe	skirt
la robe	dress
le pantalon	trousers, pants
le jean	jeans
le short	shorts
la chemise	shirt
le chemisier	blouse
le dessus, le haut	top
le pull(over)	sweater
le sweat-shirt	sweatshirt
le gilet	cardigan/waistcoat
la veste	jacket
le costume	suit (man's)
le tailleur	suit (woman's)
le survêtement	tracksuit
l'imperméable (M)	raincoat
le manteau	coat
le pardessus	overcoat
le pyjama	pyjamas
la chemise de nuit	nightdress
la petite culotte	knickers, panties
le slip	underpants, shorts (US)
le caleçon	leggings/boxer shorts
le soutien-gorge	bra
le collant	tights, pantyhose
la chaussette	sock
le maillot de bain	swimsuit
le slip de bain	swimming trunks
la manche	sleeve
le col	neck (of garment)
la chaussure	shoe
l'escarpin (M)	court shoe
le mocassin	loafer
la chaussure de sport	trainer
les baskets (F)	trainers
la botte	boot
le chausson	slipper
la taille	size/waist (measurement)
la pointure	(shoe) size
la cabine d'essayage	fitting room
la vitrine	(shop) window

à manches courtes/ longues	*long/short-sleeved*
sans manches	*sleeveless*
à col roulé	*polo-necked*
à talons hauts	*high-heeled*
doublé	*lined*
serré	*tight*
ajusté	*close-fitting*
ample	*loose*
matelassé	*padded/quilted*
(beaucoup) trop	*(much) too*
grand	*big*
petit	*small*
essayer	*to try (on)*
échanger (contre)	*to exchange (for)*
conseiller	*to advise*
vous avez besoin d'aide?	*would you like any help?*
je vous laisse regarder?	*are you just looking?*
entrée libre	*please feel free to look round*
est-ce que vous avez la taille au-dessus/en dessous?	*do you have the larger/ smaller size?*
faire du lèche-vitrine	*to go window-shopping*
payer en espèces	*to pay cash*
payer par chèque/carte	*to pay by cheque/card*
faire le tour des magasins	*to go round the shops*
au fond de	*at the back/bottom of*

Language in action

- Mesdames, est-ce que je peux vous aider?
- J'aimerais essayer le tailleur qui se trouve en vitrine.
- Vous ne cherchez pas au bon endroit. La nouvelle collection se trouve dans le fond du magasin. Suivez-moi. Quelle taille voulez-vous, 38?
- Plutôt 40.
- Je vous donne les deux. Les cabines d'essayage sont sur votre droite. [...]
- Qu'en penses-tu? La veste est un peu serrée, non?
- Au contraire, la vendeuse a raison. Le 40 ne te va pas du tout. Tu flottes dans le pantalon - et si tu essayais la veste avec le petit chemisier en soie que tu viens d'acheter?
- C'est une bonne idée. [...]
- Tu vois! Ça te va à la perfection! Dépêche-toi et on aura le temps de regarder les chaussures aussi!

l'accessoire (M)	accessory
le foulard	scarf (square)
l'écharpe (F)	scarf (long)
la cravate	tie
le nœud papillon	bow tie
le gant	glove
la paire de gants	pair of gloves
le chapeau	hat
le bonnet (en laine)	(woolly) hat
le mouchoir	handkerchief
le kleenex™	tissue
la ceinture	belt
le sac	bag
le sac à main	handbag, purse (US)
le panier	basket
le cabas	shopping bag/basket
la serviette	briefcase
le sac à bandoulière	shoulder bag
le cartable	satchel-type bag
le porte-monnaie	purse, change purse
le portefeuille	wallet, billfold
la trousse de toilette	toilet bag
le porte-clés	keyring
la bijouterie	jewellery
le collier	necklace
le sautoir	long necklace/chain
la perle	pearl/bead
le collier de perles	string of pearls
le pendentif	pendant
la boucle d'oreille	earring
la broche	brooch
le bracelet	bracelet
la gourmette	chain bracelet
la bague	ring
la bague de fiançailles	engagement ring
l'alliance (F)	wedding ring
la montre	watch
la barrette	hairslide, barette
le bandeau	hairband
le maquillage	make-up
le démaquillant	make-up remover

la trousse de maquillage	*make-up bag*
le fond de teint	*foundation*
la poudre	*face powder*
le rouge à lèvres	*lipstick*
le fard à joues	*blusher*
le maquillage pour les yeux	*eye make-up*
le fard à paupières	*eye shadow*
le mascara	*mascara*
le vernis à ongles	*nail varnish*
le dissolvant	*nail varnish remover*
les articles de toilette (M)	*toiletries*
la crème hydratante	*moisturizer*
la crème pour les mains	*hand cream*
le parfum	*perfume*
l'eau de toilette (F)	*toilet water*
l'après-rasage (M)	*after-shave*
la crème/le gel à raser	*shaving cream/gel*
le savon	*soap*
le shampooing	*shampoo*
l'après-shampooing (M)	*conditioner*
la teinture pour les cheveux	*hair dye*
la laque	*hairspray*
le peigne	*comb*
la brosse à cheveux	*hairbrush*
le sèche-cheveux	*hairdryer*
le bain moussant	*foam bath*
le gel douche	*shower gel*
le déodorant	*deodorant*
le dentifrice	*toothpaste*
la brosse à dents	*toothbrush*
la crème dépilatoire	*hair-removing cream*
la pince à épiler	*tweezers*
les ciseaux (M)	*scissors*
la lime à ongles	*nail file*
le coton hydrophile (F)	*cotton wool*
le Coton-Tige™	*cotton bud*
se maquiller	*to put on one's make-up*
se démaquiller	*to remove one's make-up*
se brosser/laver les cheveux	*to brush/wash one's hair*
se teindre les cheveux	*to dye one's hair*
un foulard en soie	*a silk scarf*
une ceinture en cuir	*a leather belt*
un bracelet en or/argent	*a gold/silver bracelet*

le café (moulu)	(ground) coffee
le café en grains	coffee beans
le café soluble	instant coffee
le chocolat instantané	drinking chocolate
le thé	tea
le vin	wine
les spiritueux (M)	spirits
le jus de fruits/d'orange	fruit/orange juice
le sirop de fruits	fruit cordial
l'eau minérale (F)	mineral water
le biscuit	biscuit, cookie
les céréales (F)	cereal(s)
la confiture	jam, jelly (US)
la marmelade d'oranges	marmalade
le miel	honey
le riz	rice
les nouilles (F)	noodles/tagliatelle
les pâtes (F)	pasta
les lentilles (F)	lentils
la farine	flour
le sucre	sugar
le sel	salt
le poivre	pepper
le vinaigre	vinegar
l'huile d'olive/de maïs (F)	olive/corn oil
la moutarde	mustard
les aromates (M)	herbs and spices
les conserves	tinned goods
les anchois (M)	anchovies
le bonbon	sweet
le chocolat	chocolate
le concentré de tomates	tomato purée
les cornichons (M)	gherkins
les sardines (F)	sardines
la sauce tomate	tomato sauce
les fruits secs (M)	dried fruit
les aliments pour bebés (M)	baby food
les aliments pour animaux (M)	pet food
le lot	pack
la caisse	checkout/till
le caissier/la caissière	checkout assistant
le chariot	trolley, cart (US)

le panier	basket
l'entrée (F)	entrance
le panier	basket
le parking	carpark
le rayon	counter/section/shelf
le rayon fromage	the cheese counter
le rayon vin	the wine section
la sortie	exit
la sortie de secours	emergency exit
lourd	heavy
léger/-ère	light
assez (de)	enough (of)
beaucoup (de)	a lot (of)
trop (de)	too much (of)
en promotion	on special offer
passer à la caisse	to go to the checkout
faire la queue	to queue
est-ce que vous pouvez me renseigner?	can you help/tell me?

Language in action

Philippe: On prend un panier ou un chariot?

Cyril: On prend chacun un panier. Il pleut et ça ne me dit rien de retourner chercher un chariot sur le parking. Est-ce que tu as la liste des courses?

- La voilà! On se sépare pour avoir plus vite fini?

- Entendu! Je m'occupe des fruits et légumes, du pain et des boissons et je te laisse le reste. On se retrouve au rayon fromage pour faire la queue.

[*Vingt minutes plus tard*]

Cyril: Te voilà enfin! Qu'est-ce que tu faisais? Tu as rencontré quelqu'un?

Philippe (plutôt confus): Non. C'est-à-dire... Il y avait des promotions.

- Je vois, ça explique que ton panier soit plein à craquer. Voyons cela... quatre paquets de chips, deux bocaux d'olives, six boîtes de sardines, douze tablettes de chocolat, cinq lots de plats cuisinés, trois litres d'huile d'olive. Mais enfin, Philippe, tu n'as quand même pas oublié le riz, le café, le sucre, la farine? Non, ils y sont, c'est déjà ça. Si nous passions à la caisse?

- D'accord, mais évitons le rayon des bonbons. Ça ne me vaut rien de faire les courses avant le déjeuner. J'ai tout de suite faim et forcément j'en achète plein.

le légume	*vegetable*
l'oignon (M)	*onion*
l'ail (M)	*garlic*
l'échalote (F)	*shallot*
la pomme de terre	*potato*
la carotte	*carrot*
le navet	*turnip*
le poireau	*leek*
le petit pois	*pea*
le chou	*cabbage*
le céleri	*celery*
le champignon	*mushroom*
le brocoli	*broccoli*
le chou de Bruxelles	*Brussels sprout*
le chou-fleur	*cauliflower*
les épinards (M)	*spinach*
le haricot vert	*green bean*
la fève	*broad bean, lima bean*
la courgette	*courgette, zucchini*
l'endive (F)	*chicory, endive*
le poivron rouge/vert	*red/green pepper*
l'aubergine (F)	*aubergine, eggplant*
l'artichaut (M)	*artichoke*
l'asperge (F)	*asparagus*
la salade	*lettuce/salad*
la laitue	*(round) lettuce*
la tomate	*tomato*
le concombre	*cucumber*
l'avocat (M)	*avocado*
le maïs	*sweetcorn*
les fruits (M)	*fruit*
la pomme	*apple*
la poire	*pear*
la banane	*banana*
la prune	*plum*
le pruneau	*prune*
l'abricot (M)	*apricot*
le raisin	*grapes*
la cerise	*cherry*
la pêche	*peach*
la nectarine/le brugnon	*nectarine*
le melon	*melon*
la fraise	*strawberry*

la framboise	raspberry
la figue	fig
le cassis	blackcurrants
l'orange (F)	orange
la clémentine	clementine
le pamplemousse	grapefruit
le citron	lemon
le citron vert	lime
beau/belle, joli	beautiful, lovely
de bonne qualité	high-quality
frais/fraîche	fresh
mûr	ripe
pourri	rotten
de culture biologique	organic
de pays/de la région	locally grown
demander	to ask (for)
peser	to weigh
choisir	to choose
une grappe de raisin	a bunch of grapes
quel est le prix de...?	what is the price of...?
vous en voulez combien?	how much/many would you like?
vous désirez autre chose?	would you like anything else?
avec ceci?	anything else?
ce sera tout, merci	that's all, thanks

Language in action

- Elles sont sucrées, elles sont gorgées de soleil, demandez mes clémentines, trois euros les deux kilos de clémentines! - Madame, bonjour! Qu'est-ce que je vous sers?
- Quel est le prix de la laitue, s'il vous plaît?
- Soixante centimes la pièce, les trois pour un euro cinquante.
- J'en prendrai une.
- Elle se conserve très bien, vous savez. On n'a pas attendu l'agriculture biologique pour produire des légumes de pleine terre. Vous êtes sûre que vous n'en voulez pas trois?
- Oui, une, ça suffira merci.
- Vous désirez autre chose?
- Oui, deux têtes d'ail et une barquette de fraises de 250 grammes.
- Avec ceci?
- Ce sera tout, merci.
- Ça vous fera deux euros cinquante. [...] Je vous ai mis une grappe de raisin noir, vous m'en direz des nouvelles.

la viande	meat
la viande hachée	mince
le bœuf	beef
le veau	veal
l'agneau (M)	lamb
le porc	pork
le poulet	chicken
la dinde	turkey
le canard	duck
la pintade	guineafowl
le lapin	rabbit
le chevreuil	venison
le foie	liver
le foie de volaille	chicken liver
le rognon	kidney
le lard fumé	smoked streaky bacon
le jambon (cuit)	ham
le jambon cru/de pays	cured raw ham
la saucisse	sausage
le saucisson	salami-type sausage
le boudin (noir)	black pudding
le pâté	pâté
la pâtée	food (canned meat for animals)
le bifteck	steak
la côtelette	chop
la grillade de porc	pork steak
la cuisse de poulet	chicken leg
le blanc de poulet	chicken breast
le magret de canard	duck breast
le gigot d'agneau	leg of lamb
le poisson	fish
le cabillaud	cod
la morue	salt cod
l'églefin (M)	haddock
le haddock	smoked haddock
le hareng	herring
le maquereau	mackerel
le saumon (fumé)	(smoked) salmon
la truite	trout
le thon	tuna
les crustacés (M)	shellfish
la crevette	prawn

le homard	lobster
le crabe	crab
l'huitre (F)	oyster
la moule	mussel
le filet	fillet
les produits laitiers	dairy products
le lait	milk
le lait entier/écrémé/ demi-écrémé	full-cream/skimmed/ semi-skimmed milk
la crème	cream
le beurre	butter
le fromage	cheese
le yaourt	yoghurt
le fromage blanc	fromage frais
l'œuf (M)	egg
le végétarien/ la végétarienne	vegetarian
la recette	recipe
le pain	bread
le petit pain	bread roll
le pain complet	wholemeal bread
le pain de seigle	rye bread
cru	raw
cuit	cooked
frais/fraîche	fresh
alléchant	tempting
difficile	difficult/fussy
quasiment	practically, almost
élevé en plein air	free-range

Language in action

- Tu as bientôt terminé?
- Ça y est presque. Il ne me reste plus qu'à passer au rayon boucherie.
- Mais, je te croyais végétarien?
- Je le suis! Seulement depuis que j'ai recueilli ce chat errant l'été dernier, je dépense quasiment autant en viande et en poisson que pour mes propres repas. Pourtant, au début Loustic n'était même pas gourmand. Puis lui et moi, nous avons découvert les boîtes de pâtée et leurs alléchantes recettes : "Truite Saumon Carottes", "Foie-Volaille aux petits légumes" et j'en passe. Depuis il est devenu terriblement difficile, je lui achète du blanc de poulet et du jambon. À quand le bœuf cru? Le comble, c'est que quand ma voisine fait du poulet ou des filets de hareng, ce vaurien a encore le culot de déserter l'appartement pour aller mendier chez elle.

l'outil (M)	tool
le tournevis	screwdriver
le marteau	hammer
le ciseau	chisel
la clé	spanner, monkey wrench
la pince	pliers
la perceuse (électrique)	(electric) drill
la fiche	plug
la scie	saw
le rabot	plane
les ciseaux	scissors
le pinceau	paintbrush
le rouleau	roll/roller
le bac	tray (for paint, plaster, etc.)
l'escabeau (M)	stepladder
le clou	nail
la vis	screw
le fil de fer	wire
le trou	hole
la colle	glue
le ciment	cement
le plâtre	plaster
le décapant	paint stripper
le papier de verre	sandpaper
la peinture	paint
la laque	gloss paint
le vernis	varnish
le papier peint	wallpaper
le carreau	tile
le carrelage	tiling
le bois	wood
le plastique	plastic
le métal	metal
l'acier (M)	steel
l'inox (M)	stainless steel
le fer	iron
le cuivre	copper
le laiton	brass
les dimensions (F)	measurements
la largeur	width
la longueur	length
le métal	metal
le verre	glass

épais/épaisse	*thick*
fin/fine	*fine, thin*
étroit	*narrow*
large	*wide*
mince	*thin*
long/longue	*long*
court	*short*
résistant	*tough*
imperméable	*waterproof*
étanche	*watertight*
construire	*to build, construct*
monter	*to put up, put together*
assembler	*to put together, assemble* (*kit*)
installer	*to install, put in*
mesurer	*to measure*
couper	*to cut*
scier	*to saw*
coller	*to glue*
visser	*to screw*
réparer	*to repair*
utiliser	*to use*
percer un trou	*to drill a hole*
une planche d'un mètre de large/long	*a piece of wood a metre wide/ long*
une pendaison de crémaillère	*a house-warming*

Language in action

lundi matin au bureau :
- Tu as l'air fatiguée. Comment s'est passée l'installation de ta cuisine intégrée?
- Tout bien considéré, ça s'est plutôt bien déroulé, mais je ne pensais pas que ce serait aussi long. Heureusement que des amis se sont relayés pour me donner un coup de main. L'artisan n'a terminé la pose du carrelage que jeudi. On a donc dû attendre vendredi soir pour s'attaquer aux peintures. Le samedi, j'ai emprunté un second escabeau à mon voisin pour qu'on puisse tapisser plus vite et il m'a proposé de nous aider à assembler les éléments. J'imaginais qu'il suffirait de percer des trous dans les murs et de visser mais dans cette vieille maison, rien n'est de niveau. Il a fallu scier, raboter... ça tournait au cauchemar. Finalement on a terminé dans les temps. D'ailleurs, si tu es libre samedi soir, je t'invite à ma pendaison de crémaillère.

la télévision	*television*
la télé*	*TV, telly*
la télévision câblée	*cable television*
l'écran (M)	*screen*
la télécommande	*remote control*
la chaîne	*channel*
l'émission (F)	*programme*
le documentaire	*documentary*
la série	*series*
le feuilleton	*soap*
le film	*film*
la pièce de théâtre	*play*
les informations/infos* (F)	*news*
le magazine d'information	*news programme*
le reportage sportif	*sports programme*
le bulletin météo, la météo*	*weather forecast*
les publicités, les pubs* (F)	*adverts*
le clip	*pop video*
le dessin animé	*cartoon*
le présentateur/la présentatrice	*presenter*
le présentateur/la présentatrice du journal télévisé	*newsreader*
le/la comique	*comedian*
le magnétoscope	*VCR*
la radio	*radio*
le baladeur	*personal stereo*
le CD/disque compact	*CD, compact disk*
la platine laser	*CD player*
la chaîne hi-fi	*stereo*
le magnétophone	*cassette recorder*
la musique classique	*classical music*
l'opéra (M)	*opera*
la musique pop	*pop music*
le jazz	*jazz*
le rock	*rock*
le rap	*rap*
le groupe	*group/band*
le chanteur/la chanteuse	*singer*
le musicien/la musicienne	*musician*
la représentation	*performance*
bon/bonne	*good*

intéressant	*interesting*
célèbre	*famous, well-known*
chouette*, génial*	*great*
extra*	*fabulous*
comique, drôle, marrant*	*funny*
hilarant	*hilarious*
préféré, favori/favorite	*favourite*
émouvant	*moving*
convaincant	*convincing*
mauvais	*bad*
ennuyeux/-euse, casse-pieds*	*boring*
affreux/-euse	*awful, terrible*
nul/nulle	*terrible, rubbish (adj)*
avant	*before*
après	*after*
pendant	*during*
bien	*well*
écouter	*to listen (to)*
entendre	*to hear*
regarder	*to watch, look at*
voir	*to see*
apprécier	*to appreciate*
préférer, aimer mieux	*to prefer*
détester	*to hate, detest*
manquer de	*to lack*

Language in action

Aurélie (13 ans) - Tu boudes, petite sœur? Qu'est-ce qui ne va pas?

Camille (10 ans) - Papa et maman vont au théâtre. Alexandra va venir nous garder!

- Ah non! Pas encore! On n'a pas besoin d'elle, on n'est plus des bébés. Et d'abord, elle m'agace à se donner des airs avec sa musique classique.

- Lucie n'est pas mieux, elle n'entend jamais quand on lui parle, avec son baladeur.

- Peut-être, mais elle au moins, elle ne nous oblige pas à écouter sa musique ni à regarder ses émissions préférées. Ce soir on va devoir se contenter d'un documentaire et à neuf heures Alex nous enverra au lit pour s'installer tranquillement devant un film stupide. C'est nul! Enfin, d'ici quelques années, c'est moi qui ferai la baby-sitter et alors on pourra regarder des clips et des feuilletons toute la nuit ou louer des films d'horreur.

le cinéma	*cinema*
le film	*movie, film*
la séance	*showing*
le film policier/d'horreur	*detective/horror movie*
le film d'aventures	*adventure movie*
le film d'animation	*cartoon*
l'histoire d'amour (F)	*love story*
la séance	*show, showing*
les sous-titres (M)	*subtitles*
le public	*audience*
l'acteur/l'actrice (M/F)	*actor/actress (in film)*
la vedette	*star*
le traître	*villain*
le méchant	*baddie*
l'intrigue (F)	*plot*
le metteur en scène	*director*
la mise en scène	*direction*
la projection en avant-première	*preview*
le théâtre	*theatre*
la scène	*stage*
le rideau	*curtain*
les coulisses (F)	*wings*
l'orchestre (M)	*stalls/orchestra*
le balcon	*circle*
la place	*seat (theatre, cinema)*
le bureau de location	*booking office*
le vestiaire	*cloakroom*
l'entrée des artistes (F)	*stage door*
la pièce (de théâtre)	*play*
la représentation	*performance*
le spectacle	*show*
le ballet	*ballet*
la danse	*dance/dancing*
la comédie	*comedy*
la tragédie	*tragedy*
le comédien/la comédienne	*actor/actress (in theatre)*
l'artiste (M/F)	*performer*
le danseur/la danseuse	*dancer*
le personnage	*character*
le héros/l'héroïne	*hero*
le bis	*encore*
l'opéra (M)	*opera/opera house*

la salle de concert	*concert hall*
le concert	*concert*
le cirque	*circus*
le grand chapiteau	*big top*
le clown	*clown*
la discothèque	*disco*
la boîte (de nuit)	*(night)club*
la piste	*dance floor*
amusant	*amusing, entertaining*
captivant	*thrilling*
terrifiant	*terrifying*
troublant	*disturbing*
dur	*hard-hitting*
étonnant	*surprising, astonishing*
réussi	*successful*
raté	*unsuccessful*
décevant	*disappointing*
tiré de	*based on*
fidèle à	*faithful to*
sous-titré	*subtitled*
un film à succès	*a box-office success*
en version originale/VO	*with original soundtrack*
sur scène	*on the stage*
réserver des places	*to book seats*
on se retrouve où?	*where shall we meet?*
je passerai te prendre	*I'll call round for you*
ça m'a beaucoup plu	*I really liked it*
sorti cette semaine	*on release this week*
dans l'ensemble	*as a whole*

Language in action

- Pierre Hotin, vous avez assisté pour nous à la projection en avant-première de quelques-uns des films qui sortiront mercredi dans les salles. Y en a-t-il un que vous recommanderiez plus particulièrement à nos auditeurs?
- Eh bien, comme le faisait fort justement remarquer l'un de vos invités, les films sortis cette semaine sont dans l'ensemble assez décevants. Les personnages sont peu crédibles et le scénario manque souvent d'originalité. Je saluerai par contre l'heureuse initiative d'une petite salle classée art et essai, le Thémaciné, qui propose une rétrospective des adaptations de romans au cinéma. Tous les genres sont représentés (comédie, policier, épouvante...) et les films sélectionnés l'ont été en fonction du respect de l'intrigue et de la qualité de leur mise en scène. Seul inconvénient: ils sont pour la plupart en VO non sous-titrée.

la lecture	reading
l'écrivain (M)	writer
l'auteur (M)	author
le rédacteur/la rédactrice	editor
l'éditeur (M)	publisher
le journalisme	journalism
le/la journaliste	journalist
le reporter	reporter
le correspondant	correspondent
la presse (sérieuse)	(quality) press
la presse de sensation	tabloid press
le journal (de dimanche)	(Sunday) newspaper
la revue	magazine
la revue d'actualité/ d'informatique	news/computer magazine
le magazine (de luxe)	(glossy) magazine
le magazine féminin/ masculin	women's/men's magazine
le magazine de mode	fashion magazine
l'abonnement (M)	subscription
les gros titres (M)	headlines
l'article (M)	article
la rubrique	section, column
les affaires (F)	business
la politique	politics
l'actualité (F)	current affairs
la page sport	sports page
les petites annonces (F)	small ads
la critique	review
les mots croisés (M)	crossword(s)
la bande dessinée/BD*	comic strip/book
la photo	photo
le scandale	scandal
le problème	problem
le livre, le bouquin*	book
la fiction	fiction
le roman	novel
la science-fiction	science-fiction, sci-fi
le roman policier	detective novel
la biographie	biography
l'autobiographie (F)	autobiography
l'histoire (F)	story/history
le titre	title

la couverture	cover
quotidien/-ienne	daily
hebdomadaire	weekly
mensuel/-elle	monthly
récent	recent
vrai	true
réel/-elle	real
complet/-ète	detailed, full
fictif/-ive	fictional
sérieux/-ieuse	serious
émouvant	moving
stimulant	stimulating
passionnant	exciting, absorbing
absurde	absurd
ridicule	ridiculous
sensationnel/-elle	sensational
provocant	provocative
spécial	special
particulier/-ière	particular
lire	to read
décrire	to describe
raconter	to relate, tell
s'abonner	to subscribe
faire la une	to hit the headlines
il s'agit de...	it's about...
se tenir au courant de	to keep up to date with

Language in action

- Quelle littérature préférez-vous? Classique? Contemporaine?
- J'ai appris à apprécier les deux, notamment grâce à mes rôles au théâtre. En fait, je suis avant tout un lecteur boulimique. Je lis de tout - journaux, magazines, romans, essais...- et cela chaque jour, selon un rite immuable.
- C'est amusant, racontez-nous donc comment se déroule une journée type.
- Les revues auxquelles je suis abonné constituent souvent ma première lecture - elles se trouvent dans le courrier du matin.
- Vous ne commencez pas par les critiques?
- Ça m'arrive mais je les réserve d'ordinaire pour le début d'après-midi, juste après la presse quotidienne. Avant de partir pour le théâtre, je me plonge souvent dans un essai, de préférence philosophique. C'est un moment propice à la concentration. Enfin, la représentation achevée, je m'accorde de délicieux instants de détente grâce à un bon roman.

le groupe	group, band
l'orchestre (M)	orchestra
le musicien/la musicienne	musician
le chef d'orchestre	conductor
l'interprète (M/F)	performer/singer
le compositeur	composer
l'auteur-compositeur	songwriter
le/la parolier/-ière	lyricist
l'instrument (M)	instrument
la flûte à bec	recorder
la flûte	flute
la clarinette	clarinet
le hautbois	oboe
le basson	bassoon
le violon	violin
la viole de gambe	viola
le violoncelle	cello
la contrebasse	double bass
la trompette	trumpet
le trombone	trombone
le saxophone	saxophone
le piano	piano
l'orgue (M)	organ
les percussions (F)	percussion
la harpe	harp
la guitare (sèche/électrique)	(acoustic/electric) guitar
la guitare basse	bass guitar
le baladeur	personal stereo
le tambour	drum
la batterie	drums
la boîte à rythmes	drum machine
le/la pianiste	pianist
le/la violoniste	violinist
le/la guitariste	guitarist
le/la bassiste	bass player
l'archet (M)	bow
la corde	string
la touche	key (on keyboard)
l'air (M)	tune/aria
la mélodie	melody
le timbre	tone
le rythme	rhythm
la chanson	song

la chorale	*choir*
la soprano	*soprano*
le soprano	*treble*
le contralto	*contralto*
le ténor	*tenor*
le baryton	*baritone*
la basse	*bass*
les paroles (F)	*words* (of song/poem)
l'opéra (M)	*opera*
le livret	*libretto*
la partition	*score*
l'accompagnement (M)	*accompaniment*
le clavier (électronique)	*(electronic) keyboard*
le disque compact	*compact disk*
l'enregistrement (M)	*recording*
le tube	*hit*
lancinant	*haunting/insistent*
mélodieux/-ieuse	*melodious*
harmonieux/-ieuse	*harmonious*
la révélation du mois	*the discovery of the month*
une inépuisable pépinière de	*an inexhaustible source of*
remporter un succès d'estime	*to score a success with the critics*
de formation	*by training*
à merveille	*marvellously*
chanter juste/faux	*to sing in tune/out of tune*

Language in action

La révélation du mois

Le groupe *Bohème* représente l'une des bonnes surprises du dernier Printemps de Bourges qui demeure une inépuisable pépinière de talents. Ex-bassiste du groupe *Mistral*, Laurent avait déjà remporté un succès d'estime avec son premier album solo, sorti il y a un an sous un label indépendant. Devenu auteur-compositeur, il avait su créer des mélodies servant à merveille son indéfinissable timbre de voix. Violoniste de formation, Stéphanie a quant à elle abandonné le Conservatoire pour se consacrer à une thèse sur la musique baroque. Ensemble, ils explorent la diversité des musiques ethniques et chacun de leurs titres révèle un nouvel horizon. Des standards du jazz au bon vieux reggae en passant par les chants grégoriens ou les mélodies lancinantes de musiques tribales, tout leur est prétexte à création.

le jeu	*game*
les cartes (F)	*cards*
les échecs (M)	*chess*
le jacquet	*backgammon*
le jeu de dames	*draughts*
le jeu de société	*board game*
le quiz/le jeu de questions-réponses	*quiz*
la lecture	*reading*
le farniente	*lazing about*
les mots croisés (M)	*crossword(s)*
la musique	*music*
le dessin	*drawing*
la peinture	*painting*
le pochoir	*stencil*
la poterie	*pottery*
le modélisme	*model-making*
le kit	*kit*
la collection	*collection*
la photographie	*photography*
l'appareil photo (M)	*camera*
le bricolage	*DIY*
la menuiserie	*carpentry*
la cuisine	*cooking*
la couture	*sewing*
la tapisserie	*tapestry*
le tricot	*knitting*
la danse	*dancing*
le sport	*sport*
le défi	*challenge*
l'ordinateur (M)	*computer*
l'écran (M)	*screen*
la souris	*mouse*
le clavier	*keyboard*
le disque dur	*hard disk*
la disquette	*diskette*
le cédérom	*CD ROM*
le DVD	*DVD*
le jeu informatique	*computer game*
le jeu vidéo	*video game*
le joy-pad, le bloc de commande	*joy-pad*
le bouton de mise à feu	*fire button*

la manette de jeux	*joystick*
collectionner	*to collect*
coudre	*to sew*
tricoter	*to knit*
cuisiner	*to cook*
jouer	*to play*
chanter	*to sing*
construire	*to build, construct*
j'aime bien...	*I like...*
jouer aux cartes	*to play cards*
faire une partie de cartes/dames	*to have a game of cards/draughts*
jouer d'un instrument	*to play an instrument*
chanter dans une chorale	*to sing in a choir*
collectionner les timbres	*to collect stamps*
faire du modélisme	*to do model-making*
regarder la télé	*to watch TV*
écouter la radio	*to listen to the radio*
écouter de la musique	*to listen to music*
lancer les dés	*to throw the dice*
distribuer les cartes	*to deal the cards*
faire de la marche à pied	*to go walking*
faire du sport	*to do sport*
observer les oiseaux	*to go birdwatching*
mon opiniâtreté à faire	*my dogged insistence on doing*
inutile de...	*no point in...*
ton cas est désespéré	*you're a hopeless case*

Language in action

Des conseils...

- Surtout, pendant l'entretien, mets l'accent sur le fait que tu es très sportive, que tu ne rates jamais une occasion de courir ou de nager et dis que tu es inscrite à l'année dans un club sportif.
- C'est ridicule! Tu es bien placée pour savoir qu'en fait de sport, je pratique plutôt la lecture et le farniente, et que la seule chose qui m'attire parfois au club, c'est le sauna.
- Eh bien soit! Restons dans le vraisemblable mais fais au moins l'effort de montrer que tu aimes les défis, la compétition. Ils y tiennent beaucoup chez Multisport.
- D'accord. Je leur décrirai la jubilation que j'éprouve chaque semaine à t'écraser au Scrabble et mon opiniâtreté à faire pousser fleurs et légumes dans le sol aride de notre jardin.
- Je vois! Inutile d'insister. Ton cas est désespéré.

la brasserie	*bar-restaurant*
la crêperie	*pancake restaurant*
la restauration rapide	*fast food*
le casse-croûte	*snack*
le sandwich (au jambon)	*(ham) sandwich*
le serveur/la serveuse	*waiter/waitress*
le garçon	*waiter*
le menu	*fixed price menu*
la carte	*menu*
la note/l'addition (F)	*bill*
le pourboire	*tip*
le couvert	*place-setting*
l'assiette (F)	*plate*
la fourchette	*fork*
le couteau	*knife*
la cuillère	*spoon*
le verre	*glass*
l'apéritif (M)	*pre-meal drink*
le vin blanc/rouge/rosé	*white/red/rosé wine*
le pichet de vin	*jug of wine*
la bière (pression)	*(draught) beer*
la carafe d'eau	*jug of water*
l'eau minérale (F)	*mineral water*
le pain	*bread*
les entrées (F)	*starters*
la soupe (de légumes)	*(vegetable) soup*
les crudités (F)	*assorted vegetable salads*
la salade (de tomates)	*(tomato) salad*
la salade composée	*mixed salad*
le plat du jour	*today's special*
le plat (principal)	*(main) course*
les spécialités régionales (F)	*local specialities*
les viandes (F)	*meat dishes*
les grillades (F)	*grills*
la côtelette	*chop*
le jus (de viande)	*gravy*
la sauce	*sauce*
les poissons (M)	*fish*
les légumes (M)	*vegetables*
les frites (F)	*chips, fries*
le plateau de fromages	*cheese tray*
les pâtisseries (F)	*tarts and pastries*
la crêpe	*pancake*

le gâteau	*cake*
les glaces (F)	*ices*
le parfum	*flavour*
la compote de fruits	*stewed fruit*
la terrasse ombragée	*shady terrace*
les toilettes (F)	*toilet(s)*
à point	*medium rare*
saignant	*very rare*
bien cuit	*well-done*
au four	*baked*
à emporter	*to take away*
commander	*to order*
désirer	*to want*
essayer	*to try*
goûter	*to taste*
payer	*to pay*
réserver	*to book*
servir	*to serve*
verser	*to pour*
avez-vous choisi?	*are you ready to order?*
service compris	*service included*
qu'est-ce que tu prends?	*what are you having?*
je vais prendre les escargots	*I'm going to have the snails*
s'il vous plaît!	*excuse me!* (to waiter/waitress)

Language in action

La crêperie

- Eh bien, que penses-tu de ma modeste cantine?
- L'endroit me plaît beaucoup. En plus l'espace non-fumeur est vaste et bien situé ; souvent il se résume à quelques malheureuses tables près des cuisines ou des toilettes. Ça m'arrangerait assez de réserver quelques tables pour les participants à l'université d'été.
- Ça représenterait quoi? Quinze à vingt couverts? C'est envisageable.
- Tu as déjà fait ton choix? Tu n'as même pas regardé la carte.
- Que veux-tu, j'ai mes habitudes! Une galette "fromage-champignons", une crêpe Suzette et un déca et me voilà prêt à affronter un dur après-midi de labeur.
- Je vais tâcher de me décider avant que le serveur ne vienne prendre notre commande. Si je comprends bien tu n'as pas essayé grand-chose! Je vais tenter la "Saumon à la crème" puis en guise de dessert une "Poires-Frangipane" et comme boisson... une bolée de cidre me semble s'imposer.

le bâtiment	*building*
le monument	*historic building*
l'immeuble (M)	*block/building*
l'immeuble de bureaux	*office block*
la tour (d'habitation)	*tower block*
le parking (souterrain)	*(underground) car park*
l'hôtel (M)	*hotel*
le magasin	*shop*
le marché	*market*
le centre commercial	*shopping centre, shopping mall*
la gare	*station*
la station de métro	*underground station, subway station*
la gare routière	*coach station*
le cinéma	*cinema*
la banque	*bank*
le bureau	*office*
le bureau de poste/la poste	*post office*
l'office du tourisme (M)	*tourist information office*
la mairie/l'hôtel de ville (M)	*town hall*
le château	*castle, stately home*
la tour	*tower*
le beffroi	*belfry, bell tower*
l'église (F)	*church*
la cathédrale	*cathedral*
le cloître	*cloisters*
l'abbaye (F)	*abbey*
la synagogue	*synagogue*
la mosquée	*mosque*
le temple	*Protestant church*
le musée	*museum*
la bibliothèque	*library*
le théâtre	*theatre*
l'opéra (M)	*opera house*
la salle de concert	*concert hall*
l'école (F)	*school*
l'université (F)	*university*
le commissariat de police/la gendarmerie	*police station*
l'hôpital (M)	*clinic/hospital*
la patinoire	*ice rink*
la piscine	*swimming pool*

le stade	*sports stadium*
la station-service	*service station*
l'usine (F)	*factory*
moderne	*modern*
ancien/-ienne	*old*
élégant	*elegant*
impressionnant	*impressive*
immense	*huge*
superbe	*splendid*
pittoresque	*picturesque*
illuminé	*floodlit*
public/publique	*public*
privé	*private*
nocturne	*(at) night*
se retrouver	*to meet*
être situé	*to be situated*
se trouver	*to be*
faire du tourisme	*to see the sights*
un point de repère	*a landmark*
ouvert au public	*open to the public*
la vieille ville	*the old town*
la place principale	*the main square*
les possibilités d'hébergement	*accommodation options*

Language in action

L'office du tourisme

- Bonjour, pourrions-nous avoir un plan de la ville, s'il vous plaît?
- Bonjour! Désirez-vous aussi les horaires des visites guidées?
- À vrai dire nous ne restons que quelques jours, y en aura-t-il d'ici là?
- Mais certainement, ce mois-ci nous organisons également des visites nocturnes dans la vieille ville illuminée. Le départ aura lieu sur la place de l'hôtel de ville, au pied du beffroi.
- Nous aimerions aussi connaître les possibilités d'hébergement et savoir s'il y a près d'ici un parking gratuit.
- Voici une brochure qui vous sera utile. Vous y trouverez les principaux monuments dignes d'intérêt, les musées, les parcs et jardins mais aussi les hôtels et les commerces ainsi que de nombreuses autres informations d'ordre pratique. Je vous recommande tout particulièrement les boutiques des rues piétonnes et la serre équatoriale du jardin botanique.
- Merci, au revoir.

la ville	town
le village	village
le quartier	district, neighbourhood
la banlieue	suburb
l'endroit (M)	place
la rue	street
le boulevard	wide street/avenue
le périphérique	ring road
la rocade	bypass
le rond-point	roundabout, traffic circle
le carrefour	crossroads
le pont	bridge
le chemin	lane/path/way
la place	square
la rue/la zone piétonne	pedestrian street/precinct
la fontaine	fountain
le banc	bench
la poubelle	litter bin
le lampadaire	street lamp
la boîte aux lettres	postbox
la cabine téléphonique	telephone box
l'arrêt de bus (M)	bus stop
le trottoir	pavement
le coin/l'angle (M)	corner
le passage piétons	pedestrian crossing
le passage souterrain	pedestrian subway
le passage à niveau	level crossing
la circulation	traffic
les feux de circulation (M)	traffic lights
l'embouteillage (M)	traffic jam
le parc/jardin public	park
le terrain de jeu	playground
le mur	wall
la clôture	fence
le portail	gate
l'entrée (F)	entrance
la médiathèque	multimedia library
demander	to ask
chercher	to look for
trouver	to find
traverser	to cross
aller	to go
conduire	to drive

continuer	to continue
tourner	to turn (off)
prendre	to take
se promener	to walk/go for a walk
aller à pied	to walk/go on foot
pavé	cobbled
loin (de)	far (from)
près de	near
à côté de	next to
en face (de)	opposite
à droite /à gauche	on the right/left
devant	in front of
entre	between
en dessous de	under
au-dessus de	over
là-bas	over there
ce n'est pas loin	it's not far
c'est tout près	it's really close to here
tourner à droite/gauche	to turn right/left
aller dans le mauvais sens	to go in the wrong direction
revenir/retourner sur ses pas	to go back the way one came

Language in action

- Excusez-moi! Pourriez-vous m'indiquer où se trouve la médiathèque Jean Lévy?
- Je suis désolé, ça ne me dit rien du tout. Est-ce qu'on vous a dit que c'était près d'ici?
- Oui, on m'a conseillé de prendre la ligne 1 du métro et de descendre à la station Rihour.
- C'est bizarre, est-ce que vous avez l'adresse?
- Il me semble que oui. Voyons... ça se trouve au... 32/34, rue Édouard Delasalle.
- Ah! Mais bien sûr! C'est la bibliothèque municipale! En fait vous êtes allée dans le mauvais sens en sortant du métro. Vous devez retourner sur vos pas. Arrivée à Rihour, vous prenez la petite rue pavée à main droite, vous tournez ensuite à gauche puis tout de suite à droite, vous faites une centaine de mètres, vous traversez la rue du Molinel et c'est sur votre droite.
- !??
- En fait le plus simple pour vous est sans doute de reprendre le métro pour descendre cette fois à Gare. Il y a une sortie rue du Molinel et ce sera alors la première sur votre gauche.

la banque	bank
la caisse d'épargne	savings bank
l'agence (F)	branch
le bureau	office/desk
l'employé/-e (M/F)	counter assistant
le distributeur automatique (de billets)	cashpoint
le compte (bancaire)	(bank) account
le compte d'épargne	savings account
le billet (de banque)	(bank)note
la pièce (de monnaie)	coin
la livre sterling	pound (sterling)
la monnaie	change
le chèque	cheque
le chèque de voyage	traveller's cheque
le chéquier/le carnet de chèques	chequebook
la carte bancaire	bank card
la carte bleue	credit card
la pièce d'identité	proof of identity
le prêt	loan
le prêt logement	mortgage
le solde	balance
le dossier	application form/file
le formulaire	form
l'imprimé (M)	leaflet
la signature	signature
le bureau de poste	post office
le comptoir	counter
le courrier	mail, post
la boîte aux lettres	postbox
la levée du courrier	postal collection
le facteur	postman
le timbre	stamp
le distributeur automatique de timbres	stamp machine
la lettre	letter
la carte postale	postcard
l'enveloppe (matelassée) (F)	(padded) envelope
le paquet/le colis	parcel
le guichet	counter, desk
le mandat-poste/mandat postal	postal order

le tarif normal/réduit	*first/second class*
la télécarte	*phonecard*
recommandé	*registered*
timbré	*stamped*
écrire	*to write*
signer	*to sign*
affranchir	*to stamp*
envoyer	*to send*
poster/mettre à la poste	*to post*
annuler	*to cancel*
peser	*to weigh*
les heures d'ouverture	*opening hours*
retirer de l'argent	*to withdraw/take out money*
encaisser un chèque	*to cash a cheque*
un relevé d'identité bancaire (RIB)	*form giving bank details*
signer/libeller un chèque	*to sign a cheque*
demander des conseils	*to ask for advice*
un carnet de timbres	*a book of stamps*
un envoi avec accusé de réception	*recorded delivery*
à l'étranger	*abroad*
distribuer le courrier	*to deliver the mail*

Language in action

Le bureau de poste

- Il y a un monde fou! Est-ce que tu crois qu'on va devoir faire la queue?
- Tout dépend de ce que tu as à faire. Pour ma part, je dois simplement affranchir mon courrier et acheter un carnet de timbres. Je peux utiliser le distributeur automatique.
- Tu as vu le panneau lumineux? Ils n'en sont qu'au 36 et le numéro du premier ticket est 56! Malheureusement je n'ai guère le choix. Pour l'envoi de mon dossier de concours, il me faut un recommandé avec avis de réception. En plus, je dois retirer le colis que m'a envoyé l'université et j'aimerais aussi relever ma boîte sur internet.
- Voilà ce que nous allons faire : tu me donnes l'avis que le facteur a laissé dans la boîte aux lettres et je me charge du colis, pendant ce temps tu attends pour passer au guichet. Est-ce que tu peux en profiter pour acheter mes timbres? Il paraît que La Poste vient d'en éditer une très jolie série sur le thème des Fables de La Fontaine. N'oublie pas d'acheter une carte pour utiliser la borne d'accès à internet. À tout de suite!

la voiture	*car*
le taxi	*taxi*
le camion	*truck*
le semi-remorque	*articulated truck*
le fourgon	*van*
la caravane	*caravan, trailer (US)*
le camping-car	*camper van*
le quatre-quatre	*four-wheel drive vehicle*
la moto	*motorbike*
la mobylette	*moped*
le vélo	*bike*
le VTT	*mountain bike*
les transports en commun (M)	*public transport*
le bus/l'autobus (M)	*bus*
le car/l'autocar (M)	*coach*
le train	*train*
le TGV	*high-speed train*
le RER	*express rail system in Paris region*
le wagon	*coach (of train)*
le métro	*underground, subway*
la rame de métro	*underground train*
le billet	*ticket*
la carte orange™	*season ticket (in Paris region)*
la navette	*shuttle*
le bateau	*boat*
le ferry	*ferry*
le navire	*ship*
l'avion (M)	*aeroplane*
l'autoroute (à péage) (F)	*(toll) motorway, freeway*
la bretelle	*slip road*
la route nationale	*A road*
la voie	*lane (on road)*
le trajet	*journey*
la distance	*distance*
la destination	*destination*
la vitesse	*speed/gear*
le chauffeur	*driver*
le passager	*passenger*
l'auto-stoppeur/-euse (M/F)	*hitchhiker*
le code de la route	*highway code*

le parking (souterrain)	(underground) car park
la station d'essence	petrol station
l'aire de services (F)	(motorway) services
l'aire de stationnement (F)	parking area
voyager	to travel
partir	to leave/set off
arriver	to arrive
se diriger vers	to make for (a place)
conduire	to drive
s'arrêter	to stop
se garer	to park
monter	to get on
descendre	to get off
voyager en train/car	to travel by train/coach
aller à pied	to go on foot
aller en avion/en voiture/ en vélo	to go by plane/car/bike
prendre le ferry	to take the ferry
le tunnel sous la manche	the channel tunnel
rouler à cent kilomètres-heure	to travel at 100 kilometres an hour
faire de l'auto-stop/faire du stop*	to hitchhike
les heures de pointe	the rush hour
rester coincé dans les embouteillages	to be stuck in traffic jams
bien/mal desservi	well/badly served

Language in action

- Est-ce que tu es décidé à accepter ce poste à Paris?
- À vrai dire, j'hésite encore. Les loyers y sont très élevés, je n'aurai plus la possibilité de me rendre au travail à pied ou en vélo comme c'est le cas ici. Ça me manquera. Qui plus est, il ne sera pas question de prendre la voiture, je déteste rester coincé dans les embouteillages. Je serai donc condamné aux transports en commun, RER, bus, métro... La perspective n'est guère réjouissante.
- D'un autre côté, avec toutes ces stations de métro et ces arrêts de bus, on peut aller n'importe où en un temps record et sans le problème de devoir trouver à se garer. Ici au contraire tout est mal desservi. Tu n'as qu'à vendre ton appartement, louer un studio intra-muros, te procurer une carte orange et profiter de la vie.
- En effet, c'est plutôt tentant... et d'ailleurs, grâce au TGV, je ne serai jamais qu'à trois heures d'ici.

la roue	wheel
la roue avant/arrière	front/rear wheel
la roue de secours	spare wheel
le pneu	tyre
la porte/portière	door
la vitre	window
le pare-brise	windscreen, windshield
l'essuie-glace (M)	windscreen wiper
le pare-chocs	bumper, fender
le phare	headlight
le code	sidelight
le clignotant	indicator
le feu stop	brake light
le capot	bonnet, hood
le coffre	boot, trunk
le moteur	engine
la batterie	battery
le pot d'échappement	exhaust pipe
le radiateur	radiator
le réservoir	fuel tank, gas tank
le bouchon de réservoir	petrol cap
l'essence (sans plomb) (F)	(unleaded) petrol
le diesel/gazole	diesel
l'huile (F)	oil
l'anti-gel (M)	antifreeze
le liquide de frein	brake fluid
le siège	seat
le siège avant	the front seat
le siège arrière	the back seat
la ceinture de sécurité	seatbelt
le volant	steering-wheel
le frein	brake
le frein à main	handbrake
l'accélérateur (M)	accelerator
la vitesse	gear
le levier de vitesse	gearstick
l'embrayage (M)	clutch
l'autoradio (M)	car radio
le tableau de bord	dashboard
le cadran	dial
le voyant	warning light (on dashboard)
le rétroviseur	rearview mirror
la carte grise	car registration papers

la vignette	*tax disc*
le permis (de conduire)	*driving licence*
le code de la route	*highway code*
la boîte à outils	*toolbox*
le cric	*jack*
la clé	*spanner/key*
le manuel	*manual*
le garage	*garage*
le garagiste	*garage manager*
le mécanicien	*mechanic*
la dépanneuse	*breakdown truck*
conduire	*to drive*
démarrer	*to start*
ralentir	*to slow down*
freiner	*to brake*
vérifier	*to check*
remorquer	*to tow*
tomber en panne	*to break down*
avoir un pneu à plat	*to have a flat tyre*
avoir un pneu crevé	*to have a puncture*
être en panne sèche/ d'essence	*to run out/to have run out of petrol*
la voiture ne veut pas démarrer	*the car won't start*
la batterie est à plat	*the battery's flat*
avoir un accident	*to have an accident*
faire des appels de phare	*to flash one's headlights*

Language in action

- Allô? Le Garage Dupont? Je suis en panne juste à l'entrée de Brémont. Pouvez-vous envoyer quelqu'un pour me dépanner?
- Un instant Madame, je vous passe le mécanicien.
- Allô Madame bonjour. Alors, qu'est-ce qui vous arrive?
- Je n'y comprends rien. Un automobiliste m'a fait des appels de phare. Comme il m'arrive de mal remettre le bouchon du réservoir, je me suis arrêtée sur le bas-côté pour vérifier et maintenant ma voiture ne veut plus démarrer.
- Sur votre tableau de bord, il y a un voyant pour le niveau d'essence, est-ce qu'il est allumé?
- Non bien sûr, je ne suis pas en panne sèche, je viens de remettre de l'essence. Vous ne pourriez pas venir jeter un coup d'œil? Je ne suis même pas à 1 km du garage.
- Je vous envoie plutôt la dépanneuse, de toute façon il faudra remorquer votre véhicule.

la campagne	country(side)
le village	village
le hameau	hamlet
la montagne	mountain
le coteau	hill/hillside
le fleuve	river (*flowing into sea*)
la rivière	river (*flowing into another river*)
la rive	river bank
le ruisseau	stream
le lac	lake
la mare/l'étang (M)	pond
le chemin	small road, track
le sentier	footpath
la forêt	forest
le bois	wood
le verger	orchard
l'arbre (fruitier) (M)	(fruit) tree
le pommier	apple tree
le poirier	pear tree
le prunier	plum tree
l'abricotier (M)	apricot tree
le pêcher	peach tree
le terrain	land
la terre	earth/soil
le champ	field
le pré	meadow
la clôture (électrique)	(electric) fence
la haie	hedge
la barrière	gate
la ferme	farm/farmhouse
la cour de ferme	farmyard
l'écurie (F)	stable/cowshed
le hangar	shed/barn
la grange	barn
l'agriculture (F)	farming/agriculture
l'agriculteur/le fermier	farmer
l'ouvrier agricole (M)	farm worker
le vignoble	vineyard
le vigneron	winegrower
l'apiculteur/-trice (M/F)	beekeeper
l'herbe (F)	grass
la fleur sauvage	wild flower

le foin	hay
le blé	wheat
le maïs	maize
l'orge (M)	barley
le seigle	rye
la paille	straw
la culture	crop
la récolte	harvest/crop
les animaux de ferme (M)	farm animals
la vache	cow
le bœuf	bullock
le bétail (F)	cattle
le taureau	bull
l'agneau (M)	lamb
le mouton	sheep
la chèvre	goat
le porc	pig
la poule	hen
le coq	cock
le poulet	chicken
le canard	duck
l'oie (F)	goose
le dindon/la dinde	turkey
le cheval	horse
les produits de la ferme (M)	farm produce
le tracteur	tractor
la remorque	trailer
l'outil (M)	tool

Language in action

- En théorie c'est bien joli ces cours "d'éveil à la nature" mais concrètement qu'est-ce que vous proposez?
- On n'a qu'à étudier une région par semaine : le marais poitevin, les volcans d'Auvergne... ça les fera voyager tout en révisant leur géographie.
- Tu plaisantes! Ce qu'il leur faut à ces gamins, c'est prendre l'air, s'exercer à reconnaître les arbres, à identifier les chants d'oiseaux.
- C'est ça! Et pourquoi pas humer l'odeur du foin et traire les vaches!
- Tu ne crois pas si bien dire! L'année dernière la classe de Jacqueline est allée visiter une ferme. Au retour les enfants étaient intarissables. Et d'ailleurs il n'y a pas que l'agriculture, on pourrait les emmener chez un vigneron, un apiculteur, un garde forestier.
- Bien! Débattez-en entre vous. Il me faut une réponse pour lundi.

35 Wild animals & birds

le lion/la lionne	*lion*
le tigre/la tigresse	*tiger*
l'éléphant/-e	*elephant*
le singe	*monkey*
la guenon	*female monkey*
le gorille	*gorilla*
la girafe	*giraffe*
l'hippopotame (M)	*hippopotamus*
le rhinocéros	*rhinocerous*
le serpent	*serpent*
le zèbre	*zebra*
l'ours/-e	*bear*
le loup/la louve	*wolf*
le renard/la renarde	*fox*
la chouette/le hibou	*owl*
le lièvre	*hare*
le rat	*rat*
la taupe	*mole*
le blaireau	*badger*
le hérisson	*hedgehog*
l'écureuil (M)	*squirrel*
la chauve-souris	*bat*
le vison	*mink*
le cerf	*deer*
la biche	*doe*
le poisson	*fish*
le requin	*shark*
la baleine	*whale*
le dauphin	*dolphin*
la pieuvre	*octopus*
l'oiseau	*bird*
le vautour	*vulture*
l'aigle (M)	*eagle*
le corbeau	*crow*
le merle	*blackbird*
la grive	*thrush*
l'alouette (F)	*lark*
le rouge-gorge	*robin*
le moineau	*sparrow*
l'hirondelle (F)	*swallow*
la queue	*tail*
l'aile (F)	*wing*
la chasse	*hunting*

agile	*agile*
rapide	*fast*
lent	*slow*
agressif/-ive	*aggressive*
docile	*docile*
craintif/-ive	*shy, timid*
chasser	*to hunt*
braconner	*to poach*
pêcher	*to fish*
vivre	*to live*
nidifier	*to nest*
courir	*to run*
voler	*to fly*
se cacher	*to hide*
s'échapper	*to escape*
pourchasser	*to chase*
massacrer	*to slaughter*
veiller sur/protéger	*to protect*
l'animal de compagnie	*domestic animal*
l'animal sauvage	*wild animal*
une réserve ornithologique	*bird sanctuary*
être en voie d'extinction	*to be on the verge of extinction*
être une espèce protégée	*to be a protected species*
suivre la piste de	*to follow the track of*

Language in action

Il existe diverses manières de participer à la protection de la faune. On peut s'impliquer au sein d'une association pour veiller sur les espèces protégées, s'opposer au massacre des éléphants, des dauphins, des bébés phoques, voire s'insurger contre le braconnage des animaux à fourrure (renard...) ou l'élevage des visons. On peut aussi prendre part aux débats passionnés que suscitent la réintroduction dans nos contrées d'ours et de loups ou le non respect de la réglementation de la chasse. Mais le plus simple reste encore de conclure avec les hôtes de son jardin un pacte de non-agression. Recueillir un oiseau blessé pour le faire soigner, préserver d'une année à l'autre le nid de l'hirondelle, l'habitat du hérisson, ne plus considérer taupes, lapins et chauves-souris comme des ennemis irréductibles sont autant de petites actions que chacun peut accomplir aisément.

la fleur	*flower*
l'arbre (fruitier) (M)	*(fruit) tree*
l'arbuste (M)	*shrub, bush*
le pétale	*petal*
la tige	*stem*
la feuille	*leaf*
le feuillage	*foliage*
la racine	*root*
le tronc	*trunk*
la branche	*branch*
l'écorce (F)	*bark*
la semence	*seed*
la bouture	*cutting*
le pollen	*pollen*
la rose	*rose*
le rosier	*rose bush*
l'œillet (M)	*carnation*
le géranium	*geranium*
la pensée	*pansy*
la jonquille	*daffodil*
la tulipe	*tulip*
le lilas	*lilac*
le lys	*lily*
l'orchidée (F)	*orchid*
l'azalée (F)	*azalea*
l'hortensia (M)	*hydrangea*
la bruyère	*heather*
le pin	*pine*
l'orme (M)	*elm*
le bouleau	*birch*
le hêtre	*beech*
le frêne	*ash*
le sapin	*fir tree*
le saule pleureur	*weeping willow*
le pommier	*apple tree*
le poirier	*pear tree*
le cerisier	*cherry tree*
l'amandier (M)	*almond tree*
le marronnier	*chestnut tree*
l'engrais (M)	*fertilizer*
frais/fraîche	*fresh*
sec/sèche	*dry*

luxuriant	*leafy*
rustique	*hardy*
vivace	*perennial*
ensoleillé	*sunny*
abrité	*sheltered*
humide	*damp, moist*
planter	*to plant*
semer	*to sow*
creuser	*to dig*
arroser	*to water*
mettre de l'engrais	*to fertilize*
couper	*to cut*
tailler	*to prune*
se propager	*to propagate*
sentir	*to smell (of)*
cueillir des fleurs/des fruits	*to pick flowers/ to collect fruit*
donner de l'ombre	*to give shade*
le jardin d'agrément	*pleasure garden*
une composition florale	*a flower arrangement*
l'arbre à feuillage persistant/à feuilles caduques	*evergreen/deciduous tree*
la plante d'intérieur/ d'extérieur	*houseplant/outdoors plant*
en fleurs	*in bloom*
au soleil	*in the sun*
à l'ombre	*in the shade*

Language in action

- Quel magnifique bouquet! Un admirateur inconnu?
- Pas précisément. Chaque mardi le fleuriste livre à ma voisine une de ces superbes compositions florales et à peine a-t-il tourné les talons, qu'elle vient la déposer chez moi. Elle est complètement allergique au pollen, à celui des plantes comme à celui des arbres d'ailleurs. Même les pommiers ou les cerisiers en fleurs la font éternuer. Pourtant elle adore les parfums comme ceux du jasmin, du gardénia, de la rose musquée... mais avec son rhume des foins elle ne supporte aucune fleur chez elle.
- Eh bien, souhaitons pour toi que cette idylle dure longtemps.
- J'en doute, les tulipes jaunes, ça ne serait pas signe de rupture dans le langage des fleurs?
- Quelle imagination débridée! Disons plutôt que c'est la saison des tulipes. Dans quelques semaines tu auras des lys.

le sport	*sport*
la gymnastique d'entretien	*keep-fit*
l'aérobic (M)	*aerobics*
le jogging	*jogging, track suit*
l'athlétisme (M)	*athletics*
la natation	*swimming*
le football	*football*
le basket-ball	*basketball*
le handball	*handball*
la boxe	*boxing*
le cyclisme	*cycling*
le golf	*golf*
le tennis	*tennis*
la voile	*sailing*
la planche à voile	*windsurfing*
le saut en longueur/en hauteur	*long/high jump*
la course	*race*
la course de fond	*long distance race*
la course d'obstacles	*steeplechase*
les arts martiaux (M)	*martial arts*
le judo	*judo*
le patinage sur glace	*ice-skating*
le patin(age) à roulettes/le roller	*roller-skating*
l'équitation (F)	*horse-riding*
la bombe	*riding hat*
l'échauffement (M)	*warm-up*
le centre/le complexe sportif	*sports centre*
la piscine	*swimming pool*
la course de haies	*hurdles*
le terrain de foot(ball)	*football pitch*
le terrain de basket(-ball)	*basketball court*
le court de tennis	*tennis court*
le ballon	*ball (football, basketball)*
la raquette	*racquet*
la planche de surf	*surfboard*
les patins à roulettes	*roller skates*
les patins en ligne	*line skates*
les baskets (F)	*trainers*
les chaussures de foot(ball)	*football boots*
le maillot de bain	*swimsuit/swimming trunks*
le vélo tout-terrain, VTT	*mountain bike*

le culturisme	*body-building*
les poids (M)	*weights*
sportif/-ive	*keen on sport*
bien	*well*
mal	*bad/badly*
fatigué	*tired*
épuisé	*exhausted*
courir	*to run*
sauter	*to jump*
lancer	*to throw*
shooter, tirer	*to shoot*
marquer un panier/un but	*to score a basket/a goal*
s'entraîner	*to train*
pratiquer un sport	*to play a sport*
jouer au football/au tennis	*to play football/tennis*
être nul en sport	*to be useless at sports*
s'essayer à	*to try one's hand at*
être très sportif/-ive	*to be very sporty*
être courbaturé	*to be stiff, to ache*
j'ai des courbatures dans les jambes	*my legs ache*
je ne me sens pas bien du tout	*I feel awful*

Language in action

- Mais qu'est-ce que c'est que ce bric-à-brac? Tu as dévalisé un magasin de sports?
- C'est tout le contraire! Je vais profiter de la braderie pour revendre tous les équipements aussi onéreux que superflus que j'ai accumulés au fil des années et qui encombrent la cave.
- Super, la planche de surf! Où est-ce que tu en faisais?
- Nulle part, ça, c'était à Bob. Je vais inscrire le prix des autres trucs dessus. Et si quelqu'un veut l'acheter... eh bien elle suivra le même chemin que ma bombe et mes bottes d'équitation, mes raquettes de tennis et de badminton et les divers kimonos prétendument indispensables à la pratique des non moins divers arts martiaux auxquels je me suis essayé. Même les clubs de golf doivent disparaître ; c'est devenu trop mauvais pour mon dos.
- Dis-moi, ce VTT dans ton garage...?
- Tu n'irais pas un peu vite en besogne? C'est celui de Thierry. Mais si on se sépare et qu'il le laisse là, je te fais signe!
- Oh, pardon!

38 Sport 2: spectator sport

le match	*match*
le tournoi	*tournament*
le football/foot*	*football*
le ballon rond	*football*
le rugby	*rugby*
l'athlétisme (M)	*athletics*
les courses de chevaux (F)	*horseracing*
l'équipe (F)	*team*
l'arbitre (M)	*referee, umpire*
l'entraîneur (M)	*coach, trainer*
le capitaine	*captain*
le joueur/la joueuse	*player*
le footballeur	*footballer*
le rugbyman	*rugby player*
le gardien de but	*goal keeper*
le spectateur/la spectatrice	*spectator*
le supporter	*supporter*
le/la fan de football	*football fan*
le hooligan	*hooligan*
l'engouement (pour)	*the craze (for)*
le maillot	*shirt*
l'avertissement (M)	*warning*
la faute	*foul*
le penalty	*penalty (in football)*
la pénalité	*penalty (in rugby)*
le stade	*the stadium*
la cage	*goal (the posts)*
le filet	*net*
le point	*point*
le but	*goal*
le résultat	*result*
le match nul	*draw*
la victoire	*victory*
la coupe	*cup*
la médaille	*medal*
le tournoi	*tournament*
la compétition	*competition*
l'épreuve éliminatoire (F)	*heat*
la finale	*final*
la saison	*season*
le/la finaliste	*finalist*
branché/branchée*	*trendy*

survolté/survoltée	*highly-charged*
passionnant	*exciting*
difficile	*hard, tough*
épuisant	*exhausting*
populaire	*popular*
favori/favorite	*favourite*
gagnant/gagnante	*winning*
perdant/perdante	*losing*
jouer	*to play*
gagner	*to win*
perdre	*to lose*
battre	*to defeat*
éliminer	*to eliminate*
faire match nul (avec)	*to draw (with)*
attaquer	*to attack*
défendre	*to defend*
participer (à)	*to take part (in)*
s'entraîner	*to train, be in training*
expulser	*to expel*
tirer	*to shoot*
marquer	*to score*
courir	*to run*
faire match nul, un partout	*to draw one all*
arriver en demi-finale	*to reach the semi-final*
supporter une équipe	*to support a team*
battre un record	*to break a record*
quel est le score?	*what's the score?*
une ambiance survoltée	*a highly-charged atmosphere*

Language in action

Une nouvelle évolution positive de l'image du football en France a étendu la popularité de ce sport à un public demeuré jusque-là quasi indifférent. Depuis qu'un club amateur est parvenu à éliminer les professionnels en demi-finale de la Coupe de France, de nouvelles recrues ont rejoint les rangs des supporters. Joueurs et entraîneur se sont prêté de bonne grâce au jeu de l'interview et le stade pourrait bien être désormais le dernier lieu branché. S'intéresser au ballon rond devient un must. Cet engouement atteindra-t-il pour autant par exemple les spectateurs du tournoi du Grand Chelem? Le court central de Roland-Garros n'a certes rien en commun avec l'ambiance survoltée des stades mais en termes de pouvoir médiatique, le footballeur reste une valeur en hausse.

l'exercice (M)	*exercise*
la gymnastique d'entretien	*keep-fit*
l'aérobic (M)	*aerobics*
le jogging, le footing	*jogging*
l'échauffement (M)	*warm-up*
le centre sportif	*sports centre*
la station thermale	*spa*
le gymnase	*gym*
la salle	*hall*
les équipements sportifs (M)	*sports equipment*
le tapis	*the mat*
les poids (M)	*the weights*
les étirements (M)	*stretching exercises*
les pompes (F)	*press-ups*
les flexions (des jambes) (F)	*squats*
la ligne	*figure*
l'alimentation (F)	*diet* (what one eats)
le régime (amaigrissant)	*(slimming) diet*
les fruits (M)	*fruit*
les légumes (M)	*vegetables*
les sucreries (F)	*sweet things*
les aliments gras (M)	*fatty foods*
les hydrates de carbones (M)	*carbohydrates*
les calories (F)	*calories*
les protéines (F)	*proteins*
les vitamines (F)	*vitamins*
les graisses/les matières grasses (F)	*fat(s)*
le cholestérol	*cholesterol*
le sucre	*sugar*
la saccharine	*saccharin*
la dépendance	*addiction (to)*
la toxicodépendance	*drug addiction*
le tabac	*tobacco*
le tabagisme	*tobacco addiction*
la nicotine	*nicotine*
le taux de goudron	*tar content*
la drogue	*drug*
l'alcool (M)	*alcohol*
le fumeur/la fumeuse	*smoker*
le drogué/la droguée	*drug-addict*
l'alcoolique (M/F)	*alcoholic*

sain	*healthy*
ferme	*firm*
corpulent	*stout*
maigre	*thin*
anorexique	*anorexic*
boulimique	*boulimic*
faible	*weak*
fort	*strong*
nourissant/nutritif/-ive	*nutritious*
malade	*ill, sick*
anti-tabac	*anti-smoking*
grossir/prendre du poids	*to put on weight*
avoir des kilos en trop	*to be overweight*
maigrir/perdre du poids	*to lose weight*
fumer	*to smoke*
boire	*to drink*
se droguer	*to take drugs*
suivre une cure de désintoxication	*to undergo detoxification*
une vie saine	*a healthy lifestyle*
les vertus bienfaisantes	*healing properties*
faire du sport	*to play sports*
faire de la gymnastique	*to do exercises*
être en bonne/mauvaise santé	*to be in good/bad health*
être en forme	*to be fit*
faire une cure	*to go for a course of treatment at a spa*
suivre un régime	*to be on a diet*
commencer un régime	*to go on a diet*
arrêter de fumer	*to stop smoking*
les techniques de pointe	*advanced techniques*

Language in action

Institut Némo à Biarritz

Spécialisé dans la cure de remise en forme, les programmes anti-tabac et anti-stress, le centre de thalassothérapie allie des techniques de pointe à la beauté régénératrice d'un cadre naturel. Un médecin nutritionniste vous guidera dans votre choix d'un régime adapté et de nombreux soins viendront en renforcer les effets grâce aux vertus bienfaisantes de l'eau de mer. (Relaxation, massages, douches sous-marines...).

Hébergement à l'hôtel Thalactive

6 nuits, demi-pension, 3 soins par jour 6 590 F
supplément pour l'accès au gymnase et au sauna 590 F

la maladie	*illness*
la grippe	*flu*
le rhume	*cold*
le rhume des foins	*hay fever*
la fièvre	*temperature*
la toux	*cough*
l'éternuement (M)	*sneeze*
le mal de tête	*headache*
le mal de gorge	*sore throat*
le mal de dents	*toothache*
l'indigestion (F)	*indigestion*
la diarrhée	*diarrhoea*
l'intoxication alimentaire (F)	*food poisoning*
l'allergie (F)	*allergy*
l'hépatite (F)	*hepatitis*
le sida	*Aids*
la rougeole	*measles*
la rubéole	*German measles*
la varicelle	*chicken pox*
l'accident (M)	*accident*
la fracture	*fracture*
le plâtre	*plaster cast*
la blessure	*wound*
la foulure	*sprain*
la brûlure	*burn*
l'inflammation (F)	*inflammation*
l'opération/l'intervention (F)	*operation*
l'anesthésie locale/générale	*local/general anaesthetic*
les points de suture (M)	*stitches*
la transfusion sanguine	*blood transfusion*
le cancer (du poumon)	*(lung)cancer*
l'infarctus (M)	*heart attack*
la congestion cérébrale	*stroke*
l'appendicite (F)	*appendicitis*
l'hémorragie (F)	*haemorrhage*
l'os (M)	*bone*
le sang	*blood*
le thermomètre	*thermometer*
la piqûre, l'injection (F)	*injection*
malade	*ill*
blessé	*injured*
cassé	*broken*
grave	*serious*

inconscient	*unconscious*
mort/morte	*dead*
tomber	*to fall*
tomber malade	*to fall ill*
vomir	*to be sick, vomit*
attraper	*to catch*
saigner	*to bleed*
s'infecter	*to become infected*
comment vous sentez-vous?	*how do you feel?*
souffrir de	*to suffer from*
se sentir bien/mal	*to feel well/ill*
avoir l'air malade	*to look ill*
se tordre de douleur	*to writhe in pain*
avoir mal à la tête	*to have a headache*
avoir de la fièvre	*to have a temperature*
je ne me sens pas bien	*I don't feel well*
ne pas être dans son assiette	*to be out of sorts*
sérieusement blessé	*seriously injured*
se cogner la tête	*to knock one's head*
je me suis cassé la jambe	*I've broken my leg*
se fouler la cheville	*to sprain one's ankle*
se rendre à l'évidence	*to face the facts*

Language in action

- Eh bien, on m'y reprendra à vouloir faire du tourisme gastronomique!
- Pourquoi ça? Cette petite auberge hier soir nous a beaucoup plu à Geneviève et à moi. Les autres aussi l'ont appréciée, on compte même y retourner avant la fin de notre séjour.
- Moi aussi, j'avais trouvé ça très bon mais hier soir j'ai dû appeler un médecin tellement je me sentais mal. Au début, j'ai cru que je faisais une indigestion, que ça allait passer, j'avais juste des nausées et un terrible mal de tête. Mais j'ai vite dû me rendre à l'évidence. Lorsque le médecin est arrivé je me tordais de douleur et j'avais de la fièvre. Il a pris ma tension, m'a fait une piqûre et m'a envoyé aux urgences. Il craignait une appendicite. Finalement les examens n'ont rien révélé. Le médecin en a conclu qu'il s'agissait soit d'une allergie soit d'une intoxication alimentaire. Il a ajouté que si j'avais dû en mourir ce serait déjà fait. Rassurant, non?

l'hôpital (M)	hospital
la clinique	private hospital
la mutuelle	mutual insurance company
le cabinet	surgery
le centre médico-social/ le dispensaire	health centre
le médecin	doctor
le médecin généraliste	GP, family doctor
le/la dentiste	dentist
le chirurgien	surgeon
le/la spécialiste	specialist
l'infirmier/l'infirmière	nurse
le patient/la patiente	patient
le traitement	treatment
l'examen médical (M)	check-up
le symptôme	symptom
le diagnostic	diagnosis
les services d'urgence (M)	the emergency services
l'ambulance (F)	ambulance
le brancard	stretcher
la salle d'hôpital	hospital ward
la salle d'opération	operating theatre
les urgences (F)	accident and emergency unit
la salle d'accouchement	delivery room
l'analyse (de sang) (F)	(blood) test
la gorge	throat
la poitrine	chest
l'estomac (M)	stomach
le ventre	abdomen, stomach
le dos	back
la cheville	ankle
l'articulation (F)	joint
le cerveau	brain
le cœur	heart
le poumon	lung
le foie	liver
l'appendice (M)	appendix
le rein	kidney
sain/saine, en bonne santé	healthy
faible	weak

délicat/délicate, fragile	*delicate*
urgent/urgente	*urgent*
se plaindre de	*to complain about*
examiner	*to examine*
prescrire	*to prescribe*
diagnostiquer	*to diagnose*
guérir	*to cure*
soigner	*to treat*
faire une radio(graphie)	*to do an X-ray*
opérer	*to operate*
se faire opérer/être opéré	*to have an operation*
comment vous sentez-vous?	*how do you feel?*
est-ce que ça fait mal?	*does it hurt?*
se sentir bien/mal	*to fell well/ill*
être hospitalisé	*to be admitted to hospital*
avoir l'estomac/le cœur fragile	*to have a weak stomach/ heart*
garder le lit	*to stay in bed*
appeler le médecin	*to call the doctor*
prendre rendez-vous chez le médecin	*to make an appointment at the doctor's*
appeler une ambulance	*to call an ambulance*
être admis en urgence	*to be admitted as an emergency*
plomber une dent	*to fill a tooth*
arracher une dent	*to take out a tooth*
se porter comme un charme	*to be as fit as a fiddle*

Language in action

- Et Sandrine, comment va-t-elle? Est-ce qu'elle a été opérée de son goître finalement?
- Elle se porte comme un charme.
- L'intervention s'est donc bien passée.
- En réalité c'était surtout psychosomatique. Tu connais Sandrine! Elle a consulté deux endocrinologues pour s'assurer du diagnostic. Puis elle a pris rendez-vous avec un chirurgien et a rencontré l'anesthésiste. Elle a contacté la clinique, a réservé une ambulance et prévenu sa mutuelle. Soudain, à une semaine de la date prévue pour l'opération, elle a décrété qu'elle ne mettrait pas les pieds en milieu hospitalier car c'est là le plus sûr moyen d'attraper Dieu sait quelles maladies. Elle a tout annulé et sa thyroïde va mieux.

le médicament	medicine
le pharmacien/la pharmacienne	pharmacist
l'ordonnance (F)	prescription
le remède	medicine
le sirop pour la toux	cough mixture
les pastilles pour la gorge (F)	throat lozenges
la pommade	ointment, cream
le comprimé	pill, tablet
la gélule	capsule
le suppositoire	suppository
l'aspirine (F)	aspirin
l'antiseptique (M)	antiseptic
l'antibiotique (M)	antibiotic
l'analgésique (M)	painkiller
le somnifère	sleeping drug
le laxatif	laxative
le tube	tube
le flacon	bottle
le sparadrap™, le pansement	plaster
la compresse	compress
le bandage	bandage
le coton hydrophile	cotton wool
la trousse de secours	first-aid kit
la serviette hygiénique	sanitary towel
le tampon	tampon
le préservatif	condom
la pilule (contraceptive)	the (contraceptive) pill
le mal de tête	headache
le mal de gorge	sore throat
les douleurs d'estomac (F)	stomach pains
l'indigestion (F)	indigestion
la diarrhée	diarrhoea
la fièvre	temperature, fever
l'allergie (F)	allergy
le rhume des foins	hay fever
une douleur à l'oreille	earache
le refroidissement	cold
la grippe	flu
la brûlure	burn
le coup de soleil	sunburn
la morsure	bite (from snake or dog)

la piqûre	*bite, sting* (from insect)
enflé	*swollen*
enroué	*hoarse*
fatigué	*tired*
piquer	*to sting* (insect)
mordre	*to bite* (snake or dog)
se couper	*to cut oneself*
se brûler	*to burn oneself*
attraper un rhume	*to catch a cold*
bander	*to bandage*
avez-vous quelque chose contre la toux?	*have you got anything for a cough?*
quels sont vos symptômes?	*what symptoms do you have?*
se sentir bien/mal	*to feel well/ill*
se sentir moins bien	*to feel worse*
il a mal à la tête/aux articulations	*his head hurts/his joints hurt*
je me suis brûlé	*I've burnt myself*
je me suis coupé le doigt	*I've cut my finger*
j'ai été piqué(e) par un moustique	*I've got a mosquito bite*
avoir un rhume/être enrhumé	*to have a cold*
ça ne s'obtient pas sans ordonnance	*it's not sold over the counter*

Language in action

- Cette fois, il est hors de question que tes copains et toi vous partiez camper en montagne sans une trousse de secours. Je me fiche de savoir que ça fait ringard, tu n'as qu'à leur dire que j'en ai assez que tu improvises des bandages en découpant dans tes T-shirts. Voyons où en est cette liste... Mercurochrome, alcool à 90°, pansements, compresses, voilà qui devrait suffire à désinfecter une plaie. Pour ce qui est des médicaments, de l'aspirine... tiens et puis aussi des pastilles pour la gorge. Un tube de pommade pour les ecchymoses...
- Qu'est-ce que tu as écrit là? Pompe à venin? Enfin maman, il n'y a pas de serpents là où on va!
Tant mieux, c'est déjà ça. Mais ça marche aussi pour les insectes et de toute façon elle va avec le gel contre les piqûres et morsures en tout genre. En plus je serai rassurée de savoir que vous avez tout sous la main, ça m'évitera d'avoir à prendre des somnifères pour dormir.

l'école (F)	(primary) school
le collège	secondary school
le lycée	secondary school (ages 15-18)
la maternelle	nursery school/section
la crèche	nursery
l'élève (M/F)	pupil
l'étudiant/l'étudiante	student
le professeur, le/la prof*	teacher
le maître/la maîtresse	(primary) schoolteacher
l'instituteur/l'institutrice/le professeur des écoles	(primary) schoolteacher
le directeur/la directrice	headmaster/mistress
le directeur adjoint/la directrice adjointe	deputy headmaster/mistress
le professeur d'Université	professor
la classe	classroom/class/lesson
la récréation/la récré*	playtime
le cours (d'anglais)	(English) lesson
la matière	subject
la langue (française)	(French) language
les mathématiques/les maths* (F)	mathematics
l'anglais (M)	English
le français	French
la gymnastique/la gym*	gym
l'éducation physique (F)	physical education
les travaux manuels	arts and crafts
la physique	physics
la chimie	chemistry
la biologie	biology
la géographie	geography
l'histoire (F)	history
le programme d'études universitaires	degree course
la médecine	medicine
l'architecture (F)	architecture
les lettres (F)	arts, humanities
le droit	law
l'économie (F)	economics
la sociologie	sociology, social studies
la psychologie	psychology
la philosophie	philosophy

les études de commerce (F)	*business studies*
la licence (d'anglais)	*(English) degree*
l'uniforme (M)	*uniform*
le cartable/le sac de classe	*school bag*
la cour de récréation	*playground*
la cantine	*canteen*
le gymnase	*gym*
le laboratoire	*laboratory*
la salle de classe	*classroom*
la table	*desk/table*
le tableau	*blackboard*
la craie	*chalk*
le chiffon	*duster*
le manuel	*textbook*
l'ouvrage de référence (M)	*reference book*
le dictionnaire	*dictionary*
le cahier	*exercise book*
le cahier de textes	*homework notebook*
le carnet	*notebook, scratch pad*
la chemise	*folder*
le classeur à anneaux	*ring binder*
la feuille de papier	*sheet of paper*
le stylo à bille/le bic™	*ballpoint pen*
le stylo plume/à encre	*fountain pen*
le crayon	*pencil*
le feutre	*feltpen*
la peinture	*paint*
la règle	*ruler*
la gomme	*eraser*
la calculatrice	*calculator*
l'ordinateur (M)	*computer*
le magnétophone	*tape recorder*
le rétroprojecteur	*overhead projector*
la vidéo (cassette)	*video*
la cassette audio	*tape*
les devoirs (M)	*homework*
l'exercice (M)	*exercise*
la question	*question*
le doute	*doubt, query*
la réponse	*answer*
la rédaction	*essay*
le devoir	*assignment*
la traduction	*translation*
l'examen (M)	*exam*
le vocabulaire	*vocabulary*
les notes (F)	*marks*

difficile	difficult
facile	easy
correct/correcte	correct
incorrect/incorrecte	incorrect
intelligent/intelligente	intelligent
travailleur/travailleuse	hard-working
distrait/distraite	lacking in concentration/ absent-minded
turbulent/turbulente	disruptive
bavard/bavarde	talkative, always talking
médiocre	weak/poor
excellent/excellente	excellent
sévère, strict	strict
s'inscrire	to enrol (oneself)
apprendre	to learn
penser	to think
apprendre par cœur	to memorize, learn by heart
enseigner	to teach
expliquer	to explain
comprendre	to understand
redoubler	to repeat a year
chercher	to look up (in book)
discuter	to discuss
poser une question	to ask a question
répondre	to answer
écrire	to write
peindre	to paint
dessiner	to draw
lire	to read
calculer	to calculate
copier	to copy
corriger	to correct/mark
gronder	to tell off
punir	to punish
réussir	to pass (exam)
suspendre	to suspend
être en retenue	to be in detention
une école publique	a state school
une école privée	a private school
une école mixte	a mixed school
la qualité de l'enseignement est bonne/mauvaise	the quality of education is good/bad

prêter attention à	*to pay attention*
faire ses devoirs	*to do one's homework*
résoudre un problème	*to solve a problem*
prendre des notes	*to take notes*
inscrire un enfant dans une école	*to enrol a child in a school*
s'inscrire à l'université	*to enrol at university*
le programme des études	*the curriculum/the syllabus*
offrir des activités extra-scolaires	*to offer extra-curricular activities*
l'enseignement primaire/secondaire	*primary/secondary(education)*
l'enseignement universitaire	*higher education*
l'examen d'entrée	*entry exam*
l'examen écrit/oral	*oral/written exam*
l'examen partiel/final	*modular/final exam*
se présenter à un examen	*to sit an exam*
sécher l'école*	*to skive off school*
manquer l'école	*to miss school*
un emploi du temps surchargé	*a packed timetable*
mener une vie/une existence insouciante	*lo lead a carefree life*

Language in action

- Je te signale que ce que tu as en main n'est jamais qu'un guide des études. Inutile de l'apprendre par cœur!
- Il y a tellement de cours intéressants, j'ai beaucoup de mal à faire mon choix parmi tous ces diplômes. Tu ne te rends pas compte, l'année prochaine on entre à l'université! L'enseignement ne nous sera plus imposé comme au lycée.
- Là, je suis d'accord avec toi. En tout cas, moi je choisirai une licence pas trop difficile avec un minimum d'heures de cours et ensuite je passerai le capes pour devenir prof en collège.
- Il paraît qu'on peut s'inscrire en double cursus. Ça me plairait bien mais là encore j'ai du mal à me décider. Philosophie et physique? Ethnologie et sanskrit?
- Tout dépend de ce que tu veux faire plus tard.
- En fait les études, c'est surtout pour le plaisir d'apprendre des choses en menant une vie insouciante. Avec mon prêt étudiant et des petits boulots je devrais tenir cinq ans. Ensuite je ferai une formation courte en horticulture ou en environnement. Au moins en rentrant le soir chez moi, je n'aurai pas de copies à corriger.

la profession	profession
l'emploi (M)	job/employment
le chômage	unemployment
la société, l'entreprise (F)	company
le poste	position, job
la place	place
le postulant/la postulante	applicant
le candidat/la candidate	candidate
le cv	CV
le formulaire	form
les coordonnées (F)	personal details
les références (F)	references
les qualifications (F)	qualifications
la formation	education
l'expérience professionnelle (F)	work/professional experience
le stage	work experience
le contrat	contract
le salaire	salary
la prime	bonus
la commission	commission
la prime d'encouragement	incentive
la voiture de fonction	company car
la formation	training
l'apprentissage (M)	apprenticeship
la promotion	promotion
l'entretien (M)	interview
le rendez-vous	appointment
le journal	newspaper
le licenciement	dismissal/redundancy
le licenciement abusif	unfair dismissal
les indemnités de licenciement (F)	redundancy money
au chômage	unemployed
motivé	motivated
disponible	available
responsable	responsible
travailler	to work
(re)chercher	to look for
offrir	to offer
avoir besoin de	to need
poser sa candidature	to apply

écrire	*to write*
employer	*to employ*
licencier	*to dismiss/make redundant*
l'entretien d'embauche	*job interview*
l'emploi temporaire/ définitif	*temporary/fixed job*
à temps complet/partiel	*full-time/part-time job*
un contrat à durée déterminée/ indéterminée	*fixed-term/permanent contract*
(re)chercher un emploi	*to look for a job*
la page des offres d'emploi	*job offers section*
être au chômage	*to be unemployed*
apprendre sur le tas	*to learn on the job*
travailler à temps complet/à temps partiel	*to work full/part time*
la formation en alternance	*work-based learning*
une période d'essai	*trial period*
des perspectives d'avancement	*promotion prospects*
connaissance du portugais	*knowledge of Portuguese*
parfaite maîtrise de l'anglais	*full command of English*
capacités d'analyse et de décision	*analysis and decision-making skills*
un poste à responsabilités	*a position of responsibility*
quel type d'emploi recherchez-vous?	*what type of job are you looking for?*

Language in action

TRAM Intérim recherche

- Opérateur(trice) de saisie -vitesse impérative
- 3 Réceptionnistes -bonne présentation exigée
- 2 Assistantes commerciales (Word, Excel)
- 6 Standardistes (maîtrise de Word appréciée)
- Comptables expérimentés
- 4 Commerciaux de terrain
- 10 Téléconseillers bilingues espagnol
- Secrétaire de direction (urgent)

la profession/le métier	profession, job
le/la fonctionnaire	civil servant
l'avocat/l'avocate	lawyer, solicitor
le/la juge	judge
le médecin, le docteur/la doctoresse	doctor
la sage-femme	midwife
l'infirmier/-ière	nurse
l'assistant social/l'assistante sociale	social worker
le/la vétérinaire	vet
le chirurgien	surgeon
le directeur/la directrice	director
l'instituteur/l'institutrice	(primary) school teacher
le professeur/le/la prof*	(secondary) teacher
le/la comptable	accountant
l'ingénieur (M)	engineer
l'architecte (M/F)	architect
le décorateur/la décoratrice	interior designer
le concepteur/la conceptrice	designer
l'informaticien/l'informaticienne	computer scientist
le programmeur/la programmeuse	programmer
le/la journaliste	journalist
le/la scientifique	scientist
le/la chimiste	chemist (scientist)
l'écrivain (M)	writer
le musicien/la musicienne	musician
le peintre	painter
l'artiste (M/F)	artist
l'acteur/l'actrice	actor/actress
le chanteur/la chanteuse	singer
le/la photographe	photographer
le traducteur/la traductrice	translator
l'interprète (M/F)	interpreter
le gérant/la gérante	manager (of business, shop)
le vendeur/la vendeuse	sales assistant
le représentant/la représentante	sales representative
le commerçant/la commerçante	shopkeeper

le coiffeur/la coiffeuse	*hairdresser*
le menuisier, le charpentier	*carpenter*
l'électricien/l'électricienne	*electrician*
le plombier	*plumber*
le mécanicien/la mécanicienne	*mechanic*
le/la fleuriste	*florist*
le jardinier/la jardinière	*gardener*
l'agriculteur/l'agricultrice	
le mineur	*miner*
l'ouvrier de chantier (M)	*worker/building worker*
le maçon	*building worker/bricklayer*
l'employé(e) de bureau	*office worker*
le/la secrétaire	*secretary*
le cadre	*executive*
l'homme/la femme d'affaires	*businessman/-woman*
l'agent de nettoyage (M)	*cleaner*
le serveur/la serveuse	*waiter/waitress*
le cuisinier/la cuisinière	*cook*
le facteur/la factrice	*postman/-woman*
le conducteur/ la conductrice de bus	*bus driver*
le conducteur/ la conductrice de train	*train driver*
le chauffeur de taxi	*taxi driver*
le policier	*policeman*
l'agent de police (M)	*policeman/-woman*
le pilote	*pilot*
l'hôtesse de l'air (F)	*air hostess*
le steward	*flight attendant*
la ménagère	*housewife*
le soldat	*soldier*
stimulant	*stimulating*
gratifiant	*gratifying*
satisfait	*satisfied*
professionnel/-elle	*vocational*
travailler comme...	*to work as a...*
gagner sa vie en tant que...	*to earn your living as a...*
un travail bien/mal rémunéré	*a well/badly paid job*
choisir une profession	*to choose a profession*
se réaliser pleinement	*to feel fulfilled*

le bureau	office/desk
le service	department
la réception	reception
le standard	switchboard
le poste	extension
l'appel (téléphonique) (M)	(phone) call
le fax	fax
le photocopieur	photocopier
la panne	breakdown
le classeur	filing cabinet/file
le dossier	file
la chemise	folder
le carnet	notebook, scratch pad
la perforatrice	hole punch
l'agrafeuse (F)	stapler
l'agrafe (F)	staple
le trombone	paperclip
les ciseaux (M)	scissors
le ruban adhésif, le Scotch™	sellotape™, Scotch tape™
le blanc/le liquide correcteur	correcting fluid
le stylo	pen
le stylo à bille	ballpoint pen
le crayon	pencil
la machine à écrire	typewriter
l'ordinateur (M)	computer
l'imprimante (F)	printer
le directeur général/la directrice générale	managing director
le directeur/la directrice du personnel	personnel manager
l'employé(e) de bureau	office worker/clerk
le/la secrétaire	secretary
le/la secrétaire de direction	PA
le/la réceptionniste	receptionist
le/la collègue	colleague
le stagiaire	trainee
le bilan	balance sheet
le rapport	report
la réunion	meeting
travailleur/-euse	hard-working
paresseux/-euse	lazy
efficace, performant	efficient
stressant	stressful

competitif/-ive	*competitive*
pointer	*to clock in/out*
payer	*to pay*
renvoyer	*to dismiss, sack*
entrer	*to enter*
quitter	*to leave*
se reposer	*to rest*
convenir de faire	*to agree to do*
envoyer un fax	*to send a fax*
passer un appel international	*to make an international call*
je vous passe...	*I'll put you through to...*
la ligne est occupée	*the line is engaged*
restez en ligne, je vous prie	*hold on, please*
les heures de bureau	*office hours*
les horaires flexibles	*flexitime*
le jour de la paie	*pay day*
la pause-café	*coffee break*
les heures supplémentaires	*overtime*
mettre quelqu'un à contribution	*to call upon someone's services*
avoir du travail à rattraper	*to be behind with one's work*

Language in action

Note de service

Bulletins de paie : imprimer en 2 exemplaires ou photocopier avant d'envoyer

Concours : vérifier les dossiers, réclamer les pièces manquantes, envoyer les convocations (candidats, jurés)

Taper les rapports

Congés : mot de passe pour l'accès au logiciel, "youpi"

Courrier : départ à 15 h (vendredi 13 h)

Dossiers archivés : classeurs rouges, état civil ; verts, carrière

Fax : s'adresser au standard (le nôtre est en panne)

Fournitures de bureau : utiliser le carnet de commande du service

Photocopieur : en cas de panne, contacter M. Boin (poste 6253)

Syndicats : réunion de concertation tous les premiers lundis du mois

Téléphone : pas d'appels personnels

le programmeur/la programmeuse	computer programmer
l'informaticien/-ienne (M/F)	computer scientist
l'ordinateur (M)	computer
le PC	PC
le portable	laptop
le terminal	terminal
l'écran (M)	screen
le moniteur	monitor
le clavier	keyboard
la touche	key
le curseur	cursor
la souris	mouse
la mémoire	memory
la RAM	RAM
la ROM	ROM
le disque dur	hard disk
l'unité de disquette (F)	disk drive
la disquette	diskette
le cédérom	CD-Rom
le DVD	DVD
le matériel informatique	hardware
les logiciels (M)	software
le système	system
le programme	program
la fonction	function
le menu	menu
la fenêtre	window
l'icône (F)	icon
le fichier	file
le document	document
le traitement de texte	word processing
le tableur	spreadsheet
la base de données	database
les données (F)	data
la Publication Assistée par Ordinateur (PAO)	desktop publishing
la sauvegarde	back-up
le mot de passe	password
le service informatique	IT department
le système d'exploitation	operating system
l'imprimante (F)	printer
la sortie	printout

le modem	modem
le courrier électronique	e-mail
le virus	virus
convivial	user-friendly
compatible	compatible
informatiser	to computerize
annuler	to cancel
appliquer	to apply
se connecter	to connect
insérer	to insert
installer	to install
programmer	to program
sauvegarder, enregistrer	to save
mettre en mémoire, mémoriser	to store, save
copier	to copy
couper	to cut
coller	to paste
un ordinateur convivial	a user-friendly computer
une copie pirate/piratée	a pirate copy
se connecter/se déconnecter	to log on/off
extraire les données	to retrieve the data
le système/l'ordinateur s'est planté*	the system/the computer has crashed
appuyer sur une touche	to press a key
cliquer/double-cliquer	to click once/twice

Language in action

L'écho des syndicats

Conséquence prévisible à l'acquisition d'un nouveau matériel informatique, l'installation récente d'un logiciel de gestion du personnel a suscité bien des commentaires. En effet pourquoi commander à grands frais à une société extérieure un programme que les analystes-programmeurs de l'entreprise auraient sans doute pu écrire eux-mêmes? Par ailleurs la session de formation organisée à l'occasion de la livraison du produit a été très décevante. Les deux groupes étaient trop hétérogènes. Une ou deux des employées ont même dû s'initier au double-clic tandis qu'à l'opposé une certaine personne - dont la femme est informaticienne - essayait de "coller" l'intervenant au moyen de questions pernicieuses. La majorité des participants en a surtout profité pour consulter son courrier électronique ou faire le ménage dans ses fichiers.

l'usine (F)	factory
le/la propriétaire	owner
le contremaître/ la contremaîtresse	supervisor
le chef	boss
le patron/la patronne	boss
le travailleur/la travailleuse	worker
l'ouvrier/l'ouvrière	worker
l'apprenti/-e (M/F)	apprentice
le manutentionnaire	warehouseman
la machine	machine
la chaîne d'assemblage	assembly line
l'entrepôt (M)	warehouse
l'atelier (M)	workshop
l'emballage (M)	packing
la caisse, la boîte	box, carton
le poste (du matin/de nuit)	(morning/night) shift
la pause	pause
le salaire	salary
la prime	bonus
la commission	commission
le bulletin de paie	payslip
le chiffre d'affaires	turnover
le syndicat	trade union
le/la syndicaliste	trade unionist
le/la gréviste	striker
la grève	strike
la revendication	demand
le piquet de grève	picket/picket line
le Conseil des prud'hommes	industrial tribunal
l'accident du travail (M)	industrial accident
la prime de risque	danger money
la retraite	retirement
la préretraite	early retirement
la boutique	shop
le magasin	shop
le gérant/la gérante	manager
le/la responsable	manager
l'employé/-e (M/F)	employee
le vendeur/la vendeuse	sales assistant, sales clerk
le commerçant/la commerçante	shopkeeper

le caissier/la caissière	cashier
le client/la cliente	customer
les rayons (M)	shelves
le comptoir	counter
la nourriture	foodstuffs
les marchandises (F)	articles/goods
le produit	product
le stock	stock
la livraison	delivery
mécanique	mechanical
monotone	monotonous
bas/basse	low
serviable	helpful
embaucher	to take on
fermer	to close
pointer	to clock in/out
licencier	to dismiss/make redundant
menacer	to threaten
être/se mettre en grève	to be/go on strike
la grève sur le tas	sit-down strike
la grève du zèle	work-to-rule
la grève générale	general strike
l'augmentation (de salaire)	pay rise
les mesures de sécurité	security measures
être en cours de négociations	to be under negotiation
ça vaut le coup d'œil	it's worth seeing

Language in action

- Et si on profitait de la pause du déjeuner pour aller faire un tour à ce magasin d'usine qui vient d'ouvrir à deux pas d'ici?
- On ne va pas encore aller s'enfermer dans un horrible entrepôt alors qu'il fait si beau dehors! D'ailleurs rien que le mot "usine" suffit à me rappeler mon premier emploi où j'emballais des chocolats à longueur de journée sous l'œil d'un contremaître qui me trouvait toujours trop lente.
- Si tu viens, je te promets que tu ne le regretteras pas. En fait il s'agit d'une trentaine de boutiques réparties sur plusieurs étages. Les usines y liquident leur excédent de stock. On y trouve de nombreux articles dégriffés à des prix incroyables et rien que les vitrines valent le coup d'œil. Le seul qui puisse avoir à y perdre c'est ton compte en banque.

l'Europe (F)	*Europe*
l'Union européenne, l'UE (F)	*European Union, EU*
l'Amérique du Nord/ du Sud (F)	*North/South America*
l'Afrique (F)	*Africa*
l'Australie (F)	*Australia*
l'Asie (F)	*Asia*
la France	*France*
le Royaume-Uni	*United Kingdom*
la Grande-Bretagne	*Great Britain*
l'Angleterre (F)	*England*
l'Écosse (F)	*Scotland*
le Pays de Galles	*Wales*
l'Irlande (F)	*Ireland*
l'Irlande du Nord (F)	*Northern Ireland*
l'Allemagne (F)	*Germany*
l'Autriche (F)	*Austria*
l'Italie (F)	*Italy*
l'Espagne (F)	*Spain*
le Portugal	*Portugal*
la Grèce	*Greece*
la Turquie	*Turkey*
la Hollande	*Holland*
les Pays-Bas (M)	*the Netherlands*
la Belgique	*Belgium*
le Luxembourg	*Luxembourg*
la Suisse	*Switzerland*
la Suède	*Sweden*
la Norvège	*Norway*
la Finlande	*Finland*
le Danemark	*Denmark*
la Pologne	*Poland*
la Russie	*Russia*
la Hongrie	*Hungary*
la Roumanie	*Romania*
la République Tchèque	*Czech Republic*
la Slovaquie	*Slovakia*
l'Inde (F)	*India*
le Pakistan	*Pakistan*
le Bangladesh	*Bangladesh*
la Chine	*China*
le Japon	*Japan*
la Nouvelle-Zélande	*New Zealand*

les États-Unis (M)	*United States, USA*
le Canada	*Canada*
les Antilles (F)	*West Indies*
le Maghreb	*the Maghreb*
le Maroc	*Morocco*
la Tunisie	*Tunisia*
l'Algérie (F)	*Algeria*
la région	*region*
la Bretagne	*Brittany*
la Bourgogne	*Burgundy*
la Côte d'Azur	*French Riviera*
le Corse	*Corsica*
en France	*in/to France*
au Royaume-Uni	*in/to the United Kingdom*
vivre en/à...	*to live in...*
être né(e) en/à...	*to be born in...*
être de...	*to be from...*
vouloir connaître	*to want to go and see*
j'amerais visiter...	*I'd like to visit...*
tout d'un coup	*all at once*
arpenter le globe	*to globe-trot*
vivre retiré du monde	*to lead a secluded life*

Language in action

- Dis-moi, qui sont cet oncle Augustin et cette tante Gabrielle dont Damien n'a cessé de nous rebattre les oreilles tout le week-end?
- Des originaux! La sœur de ma grand-mère et son mari. Au moment de leur retraite, il y a vingt ans, ils s'étaient mis en tête d'arpenter le globe en tous sens. D'abord ce fut la Chine puis les États-Unis, le Brésil, ... Tous les trois ou quatre ans, ils apprenaient une nouvelle langue et testaient ensuite leurs connaissances sur le terrain. Leurs albums de vacances constituaient un véritable atlas en images.
- Est-ce qu'ils ont vraiment disparu durant leur dernier voyage?
- En tout cas, ils n'en sont pas revenus. Ils étaient censés retracer le parcours d'origine de l'Orient-Express. Une simple balade pour des aventuriers comme eux! Ils nous ont écrit d'Autriche et de Hongrie, puis ... plus rien. Ils ne sont jamais arrivés en Turquie. Les connaissant, on se demande s'il leur est arrivé malheur ou s'ils vivent maintenant retirés du monde, au Tibet ou ailleurs.

la nationalité	*nationality*
le Français/la Française	*Frenchman/-woman*
le/la Britannique	*British man/woman*
les Français	*the French*
les Britanniques	*the British*
l'Anglais/l'Anglaise	*Englishman/-woman*
l'Écossais/l'Écossaise	*Scotsman/-woman*
le Gallois/la Galloise	*Welshman/-woman*
l'Irlandais/l'Irlandaise	*Irishman/-woman*
(*other nationality nouns are formed as above*)	
la religion	*religion*
le christianisme	*Christianity*
le catholicisme	*Catholicism*
le protestantisme	*Protestantism*
l'Église orthodoxe	*Orthodox Church*
l'islam (M)	*Islam*
le judaïsme	*Judaism*
l'hindouisme (M)	*Hinduism*
le bouddhisme	*Buddhism*
l'agnosticisme (M)	*agnosticism*
l'athéisme (M)	*atheism*
européen/-éenne	*European*
français	*French*
britannique	*British*
anglais	*English*
écossais	*Scottish*
gallois	*Welsh*
irlandais	*Irish*
espagnol	*Spanish*
portugais	*Portuguese*
italien/-ienne	*Italian*
grec/grecque	*Greek*
allemand	*German*
autrichien/-ienne	*Austrian*
suisse	*Swiss*
hollandais	*Dutch*
belge	*Belgian*
luxembourgeois	*of/from Luxembourg*
suédois	*Swedish*
norvégien/-ienne	*Norwegian*
danois	*Danish*

finlandais	*Finnish*
polonais	*Polish*
russe	*Russian*
hongrois	*Hungarian*
tchèque	*Czech*
slovaque	*Slovakian*
(nord-/sud-)américain/-aine	*(North/South) American*
(nord-/sud-)africain/-aine	*(North/South) African*
maghrébin	*Maghrebi*
australien/-ienne	*Australian*
asiatique	*Asian*
indien/-ienne	*Indian*
pakistanais	*Pakistani*
chinois	*Chinese*
japonais	*Japanese*
coréen/-éenne	*Korean*
néo-zélandais	*of/from New Zealand*
canadien/-ienne	*Canadian*
québécois	*of/from Quebec*
marocain	*Moroccan*
tunisien/-ienne	*Tunisian*
algérien/-ienne	*Algerian*
camerounais	*Cameroonian*
congolais	*Congolese*
sénégalais	*Senegalese*
ivoirien/-ienne	*of/from Ivory Coast*
breton/-onne	*Breton*
bourguignon/-onne	*of/from Burgundy*
corse	*Corsican*
réunionais	*of/from Réunion*
chrétien/-ienne	*Christian*
catholique	*Catholic*
protestant	*Protestant*
orthodoxe	*Orthodox*
musulman/-e	*Muslim*
juif/juive	*Jewish*
hindou/-e	*Hindu*
bouddhiste	*Buddhist*

la sidérurgie	*iron and steel industry*
l'industrie navale (F)	*shipbuilding industry*
l'industrie chimique (F)	*chemical industry*
l'industrie pharmaceutique (F)	*pharmaceutical industry*
l'industrie pétrolière (F)	*oil industry*
la métallurgie	*metalworking industry*
l'industrie papetière (F)	*paper industry*
l'industrie verrière (F)	*glass industry*
l'industrie textile (F)	*textile industry*
l'industrie alimentaire (F)	*food industry*
l'industrie laitière (F)	*dairy industry*
la production de viande	*meat-production*
la pêche	*fishing*
l'industrie de la conserve (F)	*canning industry*
l'industrie vinicole (F)	*wine industry*
l'industrie automobile (F)	*car industry*
l'industrie aéronautique (F)	*aeronautics industry*
l'industrie électronique (F)	*electronic industry*
l'industrie informatique (F)	*computer industry*
les arts graphiques (M)	*graphic arts*
l'industrie minière (F)	*mining industry*
le bâtiment	*building industry*
l'industrie du tourisme (F)	*tourist industry*
le champ pétrolifère	*oilfield*
la plate-forme pétrolière	*oil rig*
la raffinerie de pétrole	*oil refinery*
l'oléoduc (M)	*oil pipe*
l'aciérie (F)	*steel mill*
le haut fourneau	*blast furnace*
la verrerie	*glassworks*
la papeterie/la fabrique de papier	*paper mill*
la presse (typographique)	*printing press*
la lainerie	*woollen mill*
la filature (de coton)	*cotton mill*
la scierie	*sawmill*
le chantier naval	*shipyard*
la mine	*mine*
le barrage hydraulique	*hydroelectric dam*
la centrale hydroélectrique	*hydroelectric power station*
la centrale nucléaire	*nuclear power plant*
la centrale thermique	*power station*

l'usine à gaz (F)	gas works
l'abattoir (M)	slaughterhouse
les machines (F)	machinery
progressif/-ive	gradual
économique	economical
industriel/-ielle	industrial
fabriquer	to manufacture
produire	to produce
élaborer	to produce, make
importer	to import
exporter	to export
investir	to invest
extraire (par fusion)	to smelt
fondre	to cast (metal)
construire	to build
imprimer	to print
extraire	to extract
exploiter	to operate, exploit
la reconversion industrielle d'un secteur	rationalization of a sector
la subvention de l'état	government subsidy
l'aide à l'industrie	aid to industry
la cessation d'activité	cessation of activity

Language in action

- Qu'est-ce qui te tracasse? Ça ne va pas?
- Je pensais juste au lièvre que j'ai évité de justesse l'autre soir. Tu te souviens, je l'ai même traité d'inconscient pour avoir creusé son terrier entre un aéroport et une autoroute. Finalement on n'est pas mieux lotis que lui. La maison est à quelques kilomètres d'une usine chimique, à l'ouest se trouve l'inévitable centrale nucléaire et le sol est truffé d'anciennes galeries de mine. Quant à notre maison de campagne, qui sait s'ils ne décideront pas un jour d'inonder la vallée pour construire un nouveau barrage hydraulique.
- Moi, ce qui me dégoûte le plus ce sont les élevages en batterie. Quant aux abbatoirs, je préfère encore ignorer s'il y en a dans les environs. Le pire avec les industries c'est qu'à la moindre cessation d'activité, de nombreux ouvriers se retrouvent au chômage pour un moment. Tout compte fait, on n'est vraiment pas les plus à plaindre.

les affaires (F)	*business*
le/la grossiste	*wholesaler*
le détaillant/la détaillante	*retailer*
les bénéfices (M)	*profits*
les gains (M)	*earnings*
les pertes (F)	*losses*
la comptabilité	*accounting/accountancy*
la facture	*invoice*
la vente/les ventes	*sale/sales*
le chiffre	*figure*
l'achat (M)	*purchase*
le marketing/la mercatique	*marketing*
le client/la cliente	*client*
le consommateur/la consommatrice	*consumer*
la concurrence	*competition*
la fusion	*merger*
le marché	*market*
l'économie (F)	*economy*
le secteur	*sector*
l'exportation (F)	*export*
l'importation (F)	*import*
la Bourse	*stock exchange*
le placement/l'investissement (M)	*investment*
l'investisseur/l'investisseuse	*investor*
l'action (F)	*share*
le capital	*capital*
l'actionnaire (M/F)	*shareholder*
l'agent de change (M)	*stockbroker*
l'attentisme (M)	*wait-and-see attitude*
le risque	*risk*
la croissance	*growth*
la faillite	*bankruptcy*
le remaniement	*reorganization*
l'impôt (M)	*income tax*
la TVA (taxe à la valeur ajoutée)	*VAT*
le/la contribuable	*taxpayer*
l'année fiscale	*tax year*
la dette	*debt*
le déficit	*deficit*
la crise	*crisis*

la récession	*recession*
l'inflation (F)	*inflation*
privé	*private*
géré par l'État	*state-run*
public/publique	*public*
porteur/-euse	*booming/buoyant*
investir	*to invest*
payer	*to pay*
dépenser	*to spend*
gagner	*to earn*
perdre	*to lose*
spéculer	*to speculate*
s'endetter	*to get into debt*
exporter	*to export*
importer	*to import*
diriger	*to lead/head*
nationaliser	*to nationalize*
privatiser	*to privatize*
le monde des affaires	*the business world*
monter une société	*to set up a company*
dégager des bénéfices	*to make a profit*
les valeurs en hausse	*rising share prices*
l'offre et la demande	*supply and demand*
une offre publique d'achat (OPA)	*a takeover bid*
le taux d'intérêt/de change	*interest/exchange rate*
l'économie de marché	*free market economy*

Language in action

- Est-ce que tu ne prends pas un gros risque en quittant ton emploi pour monter une société?
- Je n'en suis pas certaine. L'entreprise dans laquelle je travaillais va être privatisée, il y aura des remaniements. D'un autre côté, pour constituer le capital de départ, il me fallait au moins un associé. J'ai réussi à convaincre deux de mes collègues de se lancer dans l'aventure : l'une d'entre eux est comptable et l'autre s'occupait du marketing. En joignant nos compétences, on devrait former une bonne équipe. Qui plus est, l'informatique est un secteur porteur. On espère même dégager des bénéfices assez rapidement.
- Pourquoi pas, en effet! Somme toute, ce n'est pas pire que d'investir en Bourse.

le PC	PC
le disque dur	hard disk
le modem	modem
la connection	connection
le bit	bit
l'octet (M)	byte
le langage	language
la barre d'outils	toolbar
Internet	Internet
le navigateur	browser
le fureteur	browser
le protocole	protocol
le fournisseur d'accès	provider
le serveur	server
le moteur de recherche	search engine
le chat/le forum de discussion en direct	chatline
le/la cybernaute/ l'internaute (M/F)	net-surfer
le Web	the Web
le Net	the Net
la page Web	web page
le site	site
la page d'accueil	homepage
l'adresse (F)	Web address
le domaine	domain
le lien	link
le lien hypertexte (M)	hypertext link
le courrier électronique/ l'e-mail (M)	e-mail
le message électronique/ le mél	e-mail message
l'adresse e-mail (F)	e-mail address
l'arrobas (F)	@ sign
le carnet d'adresses	address book
les signets (M)	bookmarks
le dossier attaché/la pièce jointe	attachment
la corbeille d'arrivée	in basket
la corbeille de départ	out basket
digital	digital
électronique	electronic
simple	simple

régulièrement	*regularly*
s'initier à	*to learn*
se connecter	*to connect*
accéder à	*to access*
envoyer	*to send*
réacheminer	*to forward*
recevoir	*to receive*
transférer	*to transfer*
détruire	*to delete*
télécharger	*to download*
charger	*to load*
recharger	*to reload*
publier	*to publish*
copier	*to copy*
imprimer	*to print*
sauvegarder, enregistrer	*to save*
l'autoroute de l'information	*the information superhighway*
donner/avoir accès à	*to give/have access to*
le service en ligne	*on-line service*
arrêter le chargement d'une page	*to stop loading a page*
le site Web	*Web site*
relever sa boîte	*to retrieve one's messages*
les messages détruits/ envoyés	*deleted/sent messages*

Language in action

Avec Internet on peut paradoxalement vivre en reclus tout en bénéficiant d'une prodigieuse ouverture sur le monde. Un PC, un modem et bien sûr l'inévitable fournisseur d'accès suffisent à vous propulser dans un univers parallèle. Il est désormais inutile de se déplacer pour faire les courses et même les démarches administratives ne sont plus une corvée grâce aux nombreux sites apparus récemment. Par le biais de la messagerie vos amis peuvent vous contacter à tout moment sans pour autant vous déranger. Moyennant quelques efforts pour s'initier aux smileys et aux règles de la netiquette, on devient vite un internaute passionné, un pro des moteurs de recherche et on ne compte plus les heures passées sur les différents forums. Seul inconvénient : cette obsession de la communication nous éloigne perfidement de ceux parmi nos proches qui ne se sont pas encore convertis au Web.

le tourisme	*tourism*
le voyage autour du monde	*round-the-world trip*
le voyage organisé	*package tour*
le tourisme rural	*cottage holidays*
la croisière	*cruise*
le bord de la mer/la côte	*seaside*
le littoral	*seashore*
la station balnéaire	*seaside resort*
la montagne	*mountain*
le centre touristique	*tourist resort*
la station de ski	*ski resort*
le village vacances	*holiday village*
les vacances en location (F)	*self-catering holiday*
l'hébergement (M)	*accommodation*
le séjour	*stay*
l'hôtel (M)	*hotel*
la chambre d'hôte	*bed and breakfast*
la pension	*guest house*
l'appartement (M)	*apartment*
le gîte rural	*self-catering cottage*
la villa	*villa*
le club de vacances	*holiday camp*
le bungalow, le chalet	*cabin, chalet*
l'auberge de jeunesse (F)	*youth hostel*
l'auberge (F)	*inn*
le camping	*camping/campsite*
la tente	*tent*
la caravane	*caravan*
le syndicat d'initiative/ l'office du tourisme (M)	*tourist office*
l'agence de voyage (F)	*travel agency*
la brochure	*brochure*
la réservation	*booking*
le billet	*ticket*
le prix	*price*
la chambre double/simple	*double/single room*
la salle de bains	*bathroom*
la piscine	*swimming pool*
le voyageur/la voyageuse	*traveller*
le/la touriste	*tourist*
le vacancier/la vacancière	*holidaymaker*
l'excursion (F)	*trip, excursion*

touristique	*touristic*
pittoresque	*picturesque*
historique	*historical*
tranquille	*quiet*
décontracté	*relaxed*
animé	*lively*
programmé	*organized, scheduled*
voyager	*to travel*
préparer	*to prepare*
organiser	*to organize*
réserver	*to book*
louer	*to rent*
se divertir/s'amuser	*to enjoy oneself*
se détendre	*to relax*
se reposer	*to rest*
éviter	*to avoid*
préférer	*to prefer*
aller en vacances	*to go on holiday*
faire du tourisme	*to go sightseeing*
voyager par ses propres moyens	*to travel independently*
en saison/hors saison	*high/low season*
demi-pension	*half board*
pension complète	*full board*
petit-déjeuner compris	*breakfast included*
une chambre avec salle de bains (attenante)	*an en-suite room*
se sentir bien	*to feel good/comfortable*

Language in action

- Dépêche-toi de nous trouver un endroit où dormir ce soir, je n'ai pas envie de devoir faire du camping comme avant-hier.
- J'ai appelé les auberges de jeunesse et les gîtes ruraux pendant que tu faisais le plein. Tout est complet.
- Tant pis. Appelle les hôtels, c'est plus cher et beaucoup moins pittoresque mais l'heure tourne. [...]
- Allô, La Cigale Ivre? Bonjour, je voudrais réserver deux chambres simples pour ce soir, s'il vous plaît. Vous n'avez plus qu'une chambre à deux lits? Ça ira très bien... Oui, on prend la formule petit-déjeuner compris [...] pour une nuit [...] au nom de Verlan. Merci. [...]
- Génial cet hôtel, on se trouvera pile à mi-chemin entre la côte et les Gorges du Loup. Si on décide d'y rester quelques jours de plus, on pourra faire des excursions dans les environs. [...]

le voyage	*trip, travel, journey*
l'itinéraire (M)	*itinerary*
la destination	*destination*
la traversée	*crossing*
le vol (régulier/charter)	*(scheduled/charter) flight*
le départ	*departure*
l'arrivée (F)	*arrival*
le retard	*delay*
l'annulation (F)	*cancellation*
la place	*seat (in train or plane)*
l'aéroport (M)	*airport*
le port	*harbour*
la gare	*(railway) station*
le quai, la voie	*platform*
la consigne	*left luggage*
l'horaire (M)	*timetable*
le passager/la passagère	*passenger*
les bagages (M)	*luggage*
le bagage à main	*hand luggage*
la valise	*suitcase*
le sac de voyage	*travel bag*
le sac à dos	*rucksack*
la trousse de toilette	*toilet bag*
l'appareil photo (M)	*camera*
la pellicule	*roll of film*
le plan de la ville	*town plan*
la carte (routière)	*(road) map*
le guide touristique	*tourist guide*
le billet	*ticket*
le billet de classe touriste	*tourist-class ticket*
le billet de classe affaires	*business-class ticket*
le billet de première classe	*first-class ticket*
l'assurance de voyage (F)	*travel insurance*
le passeport	*passport*
le visa	*visa*
le chèque de voyage	*traveller's cheque*
l'hôtel (M)	*hotel*
la réception	*reception*
l'étage (M)	*floor*
la douche	*shower*
la piscine	*swimming pool*

retardé/en retard	*delayed*
complet/complète	*full*
annulé	*cancelled*
tard	*late*
enregistrer	*to check in*
embarquer	*to board*
décoller	*to take off*
atterrir	*to land*
monter	*to get on*
descendre	*to get off*
quitter	*to leave*
arriver	*to arrive*
perdre	*to lose* (*luggage*)
rater	*to miss* (*a flight or connection*)
annuler	*to cancel*
attendre	*to wait*
réclamer	*to claim/complain*
se plaindre (de)	*to complain (about)*
indemniser	*to compensate*
restituer	*to return*
rembourser	*to refund*
changer de l'argent	*to change money*
prendre des photos	*to take photos*
assurer la correspondance avec	*to connect with*
récupérer ses bagages	*to collect your luggage*
s'encombrer (de)	*to weigh oneself down (with)*
de prime abord	*at first sight*

Language in action

Bien préparer son voyage en train

Le déroulement de déplacements qu'on supposerait de prime abord ne poser aucun problème réserve quelquefois des surprises au voyageur optimiste. Une préparation rigoureuse s'impose si l'on souhaite triompher de correspondances successives et arriver à destination aussi frais et dispos qu'on l'était au moment du départ. Le service qui propose de prendre en charge le transport de vos bagages vous sera d'une aide précieuse. En effet quoi de plus désagréable que de s'encombrer d'une valise qu'il faudra de toute manière mettre en consigne pour visiter un peu la ville entre deux trains? Par ailleurs prévoyez un horaire de remplacement pour chacune des correspondances de votre itinéraire. Savoir que l'on peut être indemnisé en cas de retard prolongé constitue une maigre consolation lorsque l'on vient de rater le dernier train.

la mer	*sea*
la côte	*coast*
la falaise	*cliff*
la baie	*bay*
le port	*port*
le port de plaisance	*yacht marina*
le phare	*lighthouse*
la plage	*beach*
la marée (haute/basse)	*(high/low) tide*
le sable	*sand*
le rocher	*rock*
le coquillage	*seashell*
l'étoile de mer	*starfish*
l'oursin (M)	*sea urchin*
la méduse	*jellyfish*
les algues (F)	*seaweed*
la vague	*wave*
le soleil	*sun*
la piscine	*swimming pool*
le parasol	*sunshade*
la chaise-longue	*sunbed*
la serviette	*towel*
le maillot de bain	*swimsuit*
le slip de bain	*swimming trunks*
le bikini	*bikini*
le chapeau de soleil	*sunhat*
la lotion bronzante	*tanning lotion*
l'huile solaire (F)	*suntan oil*
le filtre solaire (M)	*sunscreen*
l'écran total	*sunblock*
les lunettes de soleil (F)	*sunglasses*
le pédalo	*pedalo*
la planche de surf	*surfboard*
la planche à voile	*sailboard*
la bouée de sauvetage	*rubber ring*
le brassard	*armband*
le gilet de sauvetage	*life jacket*
le surveillant/la surveillante de baignade	*lifeguard*
la glace	*ice cream*
le navire	*ship*
le bateau (à rames)	*(rowing) boat*
le yacht	*yacht*

le voilier	*sailing boat*
le bateau à moteur	*motorboat*
le canot	*dinghy*

ensoleillé	*sunny*
hâlé, bronzé	*tanned*
spectaculaire	*spectacular*
merveilleux/-euse	*wonderful*
propre	*clean*
vraiment, réellement	*really*

nager	*to swim*
se baigner	*to bathe, have a swim*
naviguer	*to sail*
aller faire un tour/se promener	*to go for a walk*
dîner	*to have dinner*

il fait très chaud	*it's very hot*
il fait du soleil	*it's sunny*
prendre le soleil, se faire bronzer	*to sunbathe*
lézarder au soleil	*to bask in the sun*
manger une glace	*to have an ice cream*
faire du surf/de la planche à voile	*to surf/windsurf*
avec vue sur mer	*with a sea view*

Language in action

jeudi 26 juin

Ces jours-ci, dès que le soleil inonde notre bureau, on ne peut s'empêcher de penser aux vacances toutes proches. Comme on vient de terminer le rapport annuel et que nous sommes toutes sur les rotules, il n'est question que de plages de sable fin où il ferait bon lézarder, de bains de soleil ou des mérites comparés du bikini et des glaces à la chantilly. Parfois une tempête se lève sur nos évocations rêveuses de yachts luxueux et de surveillants de baignade séduisants et bronzés. Angélique, en apparence très affairée, traverse le bureau :

" Ce n'est pas parce que vous n'avez rien à faire qu'il faut dégoûter les autres de travailler!"

Est-ce qu'on lui reproche, nous, les brochures d'agences de voyage dont ses tiroirs sont remplis? Enfin pour faire quelque-chose, chacune se met à griffonner sur son bloc (un phare, une étoile de mer, ...) et on se surprend même à souhaiter qu'il y ait des oursins là où elle se baignera.

la montagne	mountain
le parc national	national park
la réserve naturelle	natural reserve
la randonnée	hiking, trekking
l'alpinisme (M)	mountaineering
l'escalade (F)	climbing
la varappe	(rock) climbing
le sentier/la piste	track
le chemin	path/road
la route	route
le lac	lake
le plan d'eau, l'étang (M)	lake, pool
le sac à dos	rucksack
le refuge	refuge
le camp	camp
le camping	campsite/camping
le matériel de camping	camping equipment
la boussole	compass
la tente	tent
le sac de couchage	sleeping bag
le matelas pneumatique	air bed
la torche/la lampe de poche	torch
le réchaud à gaz	camping stove
la bonbonne de gaz	gas cylinder
le feu de camp	campfire
le bois	wood
les allumettes (F)	matches
l'ouvre-boîte (M)	can-opener
la boîte de conserve	tin
les conserves (F)	canned food
le thermos	Thermos™ flask
l'anorak (M)	anorak
les chaussures de randonnée (F)	walking/climbing boots
les chaussures d'escalade (F)	rock-climbing boots
le couteau de poche, le canif	pocket knife
le piolet	ice axe
la corde	rope
le campeur/la campeuse	camper
l'alpiniste (M/F)	mountaineer
le varappeur/la varappeuse	rock-climber

le randonneur/la randonneuse	*rambler, hiker*
le garde forestier	*forest ranger*
dur, rude	*hard*
facile	*easy*
difficile	*difficult*
différent	*different*
éloigné, isolé	*remote*
naturel/-elle	*natural*
intrépide	*intrepid*
marcher	*to walk*
grimper, escalader	*to climb*
explorer	*to explore*
découvrir	*to discover*
dénicher	*to find*
s'envoler	*to be blown away*
la vie en plein air	*the outdoor life*
aller/partir camper	*to go camping*
faire du camping	*to go camping*
faire de la marche	*to go walking*
faire de la randonnée	*to go hiking*
planter une tente	*to pitch a tent*
allumer un feu	*to light a fire*
un cadre naturel	*a natural setting*
à la lueur de	*by the light of*
vivre une aventure	*to have an adventure*

Language in action

- Elles datent de quand ces photos à la fin de l'album?
- De l'été 92. Ce sont les pires vacances que j'ai jamais vécues.
- Tiens j'aurais cru qu'en 92 Daniel et Gilles faisaient encore de la varappe ensemble tout l'été.
- Gilles et moi nous venions de nous rencontrer. On avait prévu de camper dans la forêt de Brocéliande pendant quelques semaines. La région est magnifique et les randonnées ne manquent pas mais les sites à visiter sont parfois difficiles à dénicher et aucun de nous ne savait utiliser correctement une boussole. Peu à peu la tension est montée entre nous. Tout est devenu prétexte à dispute : la bonbonne de gaz vide, la tente qui s'envole au cours d'une tempête... Un jour, j'ai découvert que Gilles avait emmené ses chaussures d'escalade au cas où ça n'irait pas entre nous. Ça a été notre première vraie querelle. Le lendemain, il partait rejoindre ton mari sur leur chère montagne et je restais seule à contempler les lacs.

la montagne	*mountain*
la neige	*snow*
la neige artificielle	*artificial snow*
la chute de neige	*snowfall*
la tempête de neige	*snowstorm/blizzard*
la congère	*snowdrift*
l'avalanche (F)	*avalanche*
le verglas	*ice*
la poudreuse	*powdery snow*
la couche de neige	*layer of snow*
le flocon de neige	*snowflake*
la boule de neige	*snowball*
le ski	*ski*
le ski de fond	*cross-country skiing*
le ski alpin	*downhill skiing*
le saut à skis	*ski jumping*
la luge	*sledge*
le surf des neiges	*snowboarding*
le patin à glace	*ice skate*
la chaussure de ski	*skiboot*
l'après-ski (M)	*snow boot*
la combinaison de ski	*ski suit*
le bâton de ski	*ski stick*
les lunettes de ski (F)	*snow goggles*
le bonnet de laine/de ski	*woolly/ski hat*
le gant	*glove*
les fringues* (F)	*clothes*
la station de ski	*ski resort*
le chalet	*chalet*
la remontée mécanique	*ski lift*
le tire-fesses	*ski tow*
le télésiège	*chair lift*
le téléphérique	*cable car*
la piste de ski	*ski run*
le chasse-neige	*snow-plough*
le canon à neige	*snow-blower*
la patinoire	*ice-rink*
le lac gelé	*frozen lake*
le skieur/la skieuse	*skier*
le moniteur/la monitrice	*ski instructor*
le patineur/la patineuse	*skater*
le débutant/la débutante	*beginner*

neigeux/-euse	*snow-covered*
gelé	*frozen (lake, person...)*
transi	*frozen (person)*
simple	*simple*
inconscient, téméraire	*foolhardy*
dangereux/-euse	*dangerous*
formidable*	*great*
skier	*to ski*
patiner	*to skate*
ralentir	*to slow down*
tomber	*to fall*
apprendre	*to learn*
enseigner	*to teach*
loger à l'hôtel/chez quelqu'un	*to stay at a hotel/with somebody*
la première neige de l'année	*the first snow of the year*
les neiges éternelles	*eternal snows*
recouvert de neige	*snow-covered*
faire du surf des neiges/ du snowboard	*to snowboard*
donner des leçons à	*to give lessons to*
faire un stage	*to do a course*
passer toute la matinée/ la journée à faire...	*to spend the whole morning/ day doing...*
se ridiculiser	*to look ridiculous/make a fool of oneself*

Language in action

- Pourquoi ne veux-tu pas nous accompagner aux sports d'hiver? Le village vacances et la station de ski sont super. On louerait un grand chalet tous ensemble.
- Je suis un peu fauché ces temps-ci. Alors les skis, la combinaison, tous ces achats en perspective et les frais supplémentaires pour la remontée mécanique, les sorties en boîte...
- Mais voyons! Les skis, tu les loues. Quant au reste, ne t'inquiète pas, je peux te prêter des fringues et on sera sûrement trop crevés pour sortir tous les soirs.
- Et les chutes? Je ne tiens pas à revenir une jambe dans le plâtre. C'est trop dangereux, tous ces skieurs inconscients.
- Ah oui? Parce que le rafting cet été, c'était une promenade de santé, peut-être! Mais j'y suis... tu ne sais pas skier! Eh bien, c'est le moment d'apprendre, il y a des moniteurs pour les débutants.
- Pour me rendre ridicule! Merci bien! Moi, l'hiver, je préfère partir au soleil.

le temps	*weather*
le climat	*climate*
le ciel	*sky*
le soleil	*sun*
le nuage	*cloud*
la pluie	*rain*
l'averse/l'ondée (F)	*shower*
la neige	*snow*
le verglas	*ice*
le gel	*frost*
la grêle	*hail*
le brouillard	*fog*
la brume	*mist*
le vent	*wind*
la brise	*breeze*
l'air (M)	*air*
la tempête	*storm*
l'orage (M)	*thunderstorm*
le tonnerre	*thunder*
la foudre	*lightning*
l'éclair (M)	*flash of lightning*
la chaleur	*heat*
le froid	*cold*
la température	*temperature*
le degré	*degree*
l'humidité (F)	*humidity/dampness*
la carte météo(rologique)	*weather map*
le bulletin météo(rologique)	*weather forecast*
la pression (atmosphérique)	*pressure*
la zone de haute/basse pression	*area of high/low pressure*
le thermomètre	*thermometer*
le baromètre	*barometer*
la saison	*season*
le printemps	*spring*
l'été (M)	*summer*
l'automne (M)	*autumn*
l'hiver (M)	*winter*
ensoleillé	*sunny*
nuageux/-euse	*cloudy*
couvert	*overcast*
clair, dégagé	*clear*
pluvieux/-ieuse	*rainy*

lourd	*sultry, muggy*
orageux/-euse	*stormy*
brûlant	*hot, burning*
froid	*cold*
chaud	*warm*
doux/douce	*mild/warm*
tempéré, clément	*mild*
sec/sèche	*dry*
humide	*damp*
variable	*changeable, unsettled*
pleuvoir	*to rain*
neiger	*to snow*
se rafraîchir	*to get cooler/colder*
s'améliorer	*to improve*
se dégrader	*to deteriorate*
augmenter	*to go up*
baisser	*to go down*
une pluie diluvienne	*torrential rain*
il fait beau/mauvais	*the weather is good/bad*
il fait du soleil	*it's sunny*
il fait lourd	*it's sultry, it's muggy*
il fait vingt-cinq degrés	*it's twenty-five degrees*
il fait chaud/froid	*it's hot/cold*
il y a du brouillard	*it's foggy*
il pleut/il neige	*it's raining/snowing*
le ciel est couvert	*it's cloudy*
il va y avoir de l'orage	*there's going to be a storm*
essuyer un orage*	*to get soaked in a storm*
il va geler	*there's going to be a frost*
quelle belle journée!	*what a lovely day!*

Language in action

Bulletin météo

Les températures aujourd'hui resteront exceptionnellement élevées pour un mois d'avril notamment dans le Bassin parisien, le Pas-de-Calais et la Picardie. Nous assisterons cependant à une lente dégradation du temps à partir de cet après-midi avec un ciel variable et quelques averses sur le Finistère. Chaleur lourde et ciel variable se généraliseront bientôt à toute la France et de nombreux orages éclateront en soirée. D'ici là, le temps demeurera ensoleillé avec des températures maximales de 27 à 29 degrés sur les vallées d'Auvergne et le Lyonnais. Demain nous enregistrerons une baisse des températures. Ondées et éclaircies se relaieront toute la journée sans discontinuer.

le terrain	*terrain*
la montagne	*mountain*
le massif	*massif*
la chaîne de montagnes	*mountain range*
le pic	*peak*
la cime	*top, summit*
le coteau	*hill(side)*
la vallée	*valley*
le plateau	*plateau*
la plaine	*plain*
la forêt	*forest*
la forêt tropicale	*tropical rainforest*
le marais	*marsh(land)*
le fleuve	*river* (*flowing into sea*)
la rivière	*river* (*flowing into river*)
l'affluent (M)	*tributary*
le lac	*lake*
le plan d'eau, l'étang (M)	*lake, pool*
la lagune	*lagoon*
la cascade, la chute d'eau	*waterfall*
la source	*spring*
l'embouchure (F)	*mouth, estuary*
la rive	*river bank/ shore*
le cañon/canyon	*canyon*
l'océan (M)	*ocean*
la mer	*sea*
le littoral	*coastline*
la falaise	*cliff*
le golfe	*gulf*
le cap	*cape*
le détroit	*strait*
la baie	*bay*
l'anse (F)	*cove*
le fjord	*fjord*
la calanque	*steep, rocky inlet* (*on the French Mediterranean coast*)
le marais salant	*salt flat*
l'île (F)	*island*
l'archipel (M)	*archipelago*
le continent	*continent*
la péninsule	*peninsula*
le volcan	*volcano*

le désert	desert
l'oasis (F)	oasis
le rocher	rock
l'iceberg (M)	iceberg
l'apiculteure/-trice (M/F)	beekeeper
montagneux/-euse	mountainous
rocheux/-euse	rocky
plat	flat
vallonné	hilly
accidenté	rugged
boisé	wooded
désertique	desert
fertile	fertile
marécageux/-euse	marshy
élevé, haut	high
en altitude	high (location)
à basse altitude	low-lying
épais/épaisse	thick
un paysage très contrasté	a landscape full of contrasts

Language in action

"Parfois des touristes entrent dans la boutique et me demandent un pot de miel. Comme ça! Comme si tous les miels se valaient! Histoire sans doute de prolonger un peu à travers chaque petit déjeuner leurs vacances dans la région. Aussitôt, c'est plus fort que moi : je leur explique que le miel, c'est comme le vin, que rien qu'à son parfum, sa texture, sa couleur, un apiculteur averti saura vous en indiquer la provenance. Selon qu'elles butinent dans la vallée, la montagne ou sur les rives d'un lac, les abeilles produisent des saveurs différentes. Le terrain et les fleurs qui y poussent n'ont rien à voir. Quand les gens sont sympas, je leur propose mon miel préféré, celui de la source miraculeuse et je leur explique comment trouver dans notre épaisse forêt, les sites sacrés."

l'environnement (M)	environment
l'écosystème (M)	ecosystem
le mouvement écologique	ecology movement
les écologistes (M)	the green party
les Verts (M)	the Greens
le/la bénévole	volunteer
l'énergie solaire/éolienne (F)	solar/wind power
les énergies renouvelables	renewable energy sources
la pollution	pollution
les radiations (F)	radiation
la centrale nucléaire	nuclear power station
la centrale électrique	power station
les déchets radioactifs (M)	toxic/radioactive waste
l'essence au plomb/sans plomb (F)	leaded/unleaded petrol
le dioxyde de carbone	carbon dioxide
le pesticide	pesticide
le mercure	mercury
le recyclage	recycling
le conteneur à verre	bottle bank
la décharge	dump
la catastrophe écologique	environmental disaster
l'accident nucléaire (M)	nuclear accident
les pluies acides (F)	acid rain
le nuage toxique	smog
la marée noire	oil slick
l'incendie de forêt (M)	forest fire
l'effet de serre (M)	greenhouse effect
le réchauffement de la planète	global warming
la désertification	desertification
la catastrophe naturelle	natural disaster
le tremblement de terre	earthquake
l'ouragan (M)	hurricane
la tornade	tornado
l'éruption volcanique (F)	volcanic eruption
l'inondation (F)	flood
la sécheresse	drought
la famine	famine
le fléau	blight/disaster
écologique	ecological
nocif/-ive	harmful
toxique	toxic

polluant	*polluting*
sinistré	*stricken*
environnemental	*environmental*
biodégradable	*biodegradable*
polluer	*to pollute*
décontaminer	*to decontaminate*
protéger	*to protect*
sauver	*to save*
recycler	*to recycle*
incinérer	*to incinerate*
détruire	*to destroy*
dévaster, ravager	*devastate*
avoir une incidence sur	*to affect*
aider	*to help*
un produit qui respecte l'environnement	*an enviromentally-friendly product*
la protection de l'environnement	*the protection of the environment*
réparer les dégâts	*to repair the damage*
le trou dans la couche d'ozone	*the hole in the ozone layer*
le déversement des produits toxiques	*spillage of toxic products*
les produits/les gaz polluants	*polluting products/gases*
non consigné/non recyclable	*non-returnable/non-recyclable*
causer de sérieux dégâts	*to cause great damage*
l'aide internationale	*international aid*

Language in action

Ces dernières années ont vu naître une nouvelle forme de "tourisme", les vacances à vocation écologique ou humanitaire. Malheureusement les occasions de venir en aide aux populations sinistrées ou de réparer les dégâts causés par les tempêtes ou les tremblements de terre ne manquent pas. Elles s'ajoutent même à d'autres fléaux tellement omniprésents (famine, guerre, misère) que pour un peu on s'y habituerait. Dans un tel contexte, les accidents provoqués par l'homme paraissent d'autant plus révoltants et dérisoires. Serait-ce pour le plaisir d'assister à l'un de ces formidables élans de solidarité que ne manque pas d'entraîner chaque nouveau coup du sort que l'on néglige d'entretenir les pétroliers ou que des capitaines peu scrupuleux profitent des marées noires pour dégazer? Les nombreux bénévoles venus nettoyer les plages polluées apprécieront.

les problèmes sociaux (M)	*social issues*
le chômage (de longue durée)	*(long-term) unemployment*
le chômeur/la chômeuse	*unemployed person*
la drogue	*drugs*
le drogué/la droguée	*drug addict*
l'héroïnomane (M/F)	*heroin addict*
le/la cocaïnomane	*cocaine addict*
le trafic de drogue	*drug dealing*
les sans-abri (M)	*the homeless*
les SDF (*sans domicile fixe*)	*the homeless*
la pauvreté/la misère	*poverty*
la mendicité	*begging*
le mendiant/la mendiante	*beggar*
le clochard/la clocharde	*vagrant, tramp*
l'émigration (F)	*emigration*
l'immigration (F)	*immigration*
le/la sans-papiers	*illegal immigrant*
la marginalisation	*marginalization*
le marginal/la marginale	*dropout*
le racisme	*racism*
le/la raciste	*racist*
la victime	*victim*
le terrorisme	*terrorism*
l'organisation terroriste (F)	*terrorist organisation*
le/la terroriste	*terrorist*
l'alerte à la bombe (F)	*bomb scare*
l'enlèvement (M)	*kidnapping*
le détournement	*hijacking*
l'otage (M/F)	*hostage*
le malaise social	*social unrest*
la manifestation	*demonstration*
la grève	*strike*
la violence	*violence*
le sida	*Aids*
le squatter	*squatter*
les inégalités sociales (F)	*social inequality*
social	*social*
illégal	*illegal*
vulnérable	*vulnerable*
exclu	*excluded*
solidaire	*united*
révolutionnaire	*revolutionary*

indépendantiste	*pro-independence*
se droguer	*to take drugs*
désintoxiquer	*to detox*
enlever	*to kidnap*
libérer	*to free*
s'évader	*to escape*
maltraiter	*to abuse, mistreat*
placer (en famille d'accueil)	*to foster*
collaborer	*to collaborate*
avoir une incidence sur	*to affect*
la précarité de l'emploi	*job insecurity*
être au chômage	*to be unemployed*
la réinsertion sociale	*social rehabilitation*
dormir à la dure	*to sleep rough*
tabasser*	*to beat someone up*
contaminer quelqu'un	*to pass on an illness to someone*
revendiquer un attentat	*to claim responsibility for an attack*
se montrer solidaire	*to show solidarity*
le manque de solidarité	*lack of solidarity*
les ONG (*organisations non-gouvernementales*)	*NGOs (non-government organizations)*

Language in action

- Comment ça se passe aux urgences, est-ce que tu ne regrettes pas le service Pédiatrie?
- En fait, c'est très différent de ce que j'imaginais. Bien sûr il y a les urgences vitales, infarctus, accidents... Ça, c'est assez impressionnant les premiers temps. Mais l'aspect le plus gratifiant, c'est le besoin que ressentent les patients de trouver une oreille attentive. Les trois-quarts d'entre eux sont des exclus, des marginaux mais pas toujours des drogués en overdose comme on pourrait le croire. Ce sont simplement des gens qui ont perdu leur emploi et vivent dans la pauvreté, parfois la misère. Les services sociaux les effraient. Chez nous par contre, ils ne se sentent pas jugés. Alors ils te parlent... du chômage, du squat, de leurs enfants qui ont été placés. Je fais de mon mieux pour les réconforter, leur redonner le courage de se battre.
- C'est super!
- Oui, sauf qu'après leur départ, je pleure comme une madeleine.

la politique	*politics*
l'homme/la femme politique	*politician*
le gouvernement	*government*
le président/la présidente	*president*
le Premier ministre	*prime minister*
le ministre	*minister*
le Parlement	*parliament*
l'Assemblée nationale (F)	*the French National Assembly*
le sénat	*senate*
le siège	*seat (in parliament)*
le député	*deputy*
le sénateur	*senator*
le parti (politique)	*(political) party*
la démocratie	*democracy*
les élections (F)	*elections*
le référendum	*referendum*
le vote	*vote*
l'électeur/l'électrice	*voter*
l'abstention (F)	*abstention*
le résultat	*result*
l'opposition (F)	*opposition*
la république	*republic*
la monarchie	*monarchy*
le roi/la reine	*king/queen*
la dictature	*dictatorship*
le dictateur	*dictator*
l'autonomie (F)	*autonomy, self-government*
le nationalisme	*nationalism*
le séparatisme	*separatism*
le capitalisme	*capitalism*
le socialisme	*socialism*
le communisme	*communism*
le fascisme	*fascism*
la globalisation	*globalization*
l'UE (F)	*EU*
la paix	*peace*
les droits de l'homme (M)	*human rights*
le Tiers Monde	*Third World*
l'économie de marché (F)	*market economy*

démocratique	*democratic*
juste/injuste	*just/unjust*
équitable/inéquitable	*fair/unfair*
répressif/-ive	*repressive*
totalitaire	*totalitarian*
régional	*regional*
conservateur/-trice	*conservative*
progressiste	*progressive*
libéral	*liberal*
de droite	*right-wing*
de gauche	*left-wing*
fasciste	*fascist*
communiste	*communist*
socialiste	*socialist*
nationaliste	*nationalist*
séparatiste	*separatist*
voter	*to vote*
élire	*to elect*
gouverner	*to govern*
débattre de	*to debate*
protester	*to protest*
manifester	*to demonstrate*
démissionner	*to resign*
promettre	*to promise*
le système/le régime politique	*political system/regime*
être de gauche/de droite	*to be left-wing/right-wing*
les élections régionales/ municipales	*regional/local elections*
se présenter aux élections	*to stand for election*
aller/se rendre aux urnes	*to go to the polls*
la campagne électorale	*political campaign*
le tract	*political leaflet*
la propagande politique	*political propaganda*
la majorité absolue	*absolute majority*
former une coalition	*to form a coalition*
un gouvernement de coalition	*a coalition government*
une défaite écrasante	*a crushing defeat*
la classe ouvrière/ dirigeante	*working/ruling class*
les classes moyennes	*the middle classes*
les pays en voie de développement	*developing countries*

le délit/le crime	crime (criminal act)
la criminalité	crime (as social problem)
le vol	robbery/burglary
l'agression (F)	hold-up/mugging
le braquage*	bank raid
le cambrioleur/la cambrioleuse	burglar
le malfaiteur	criminal
le meurtre/l'assassinat (M)	murder
le meurtrier/la meurtrière, l'assassin (M)	murderer
les mauvais traitements infligés à un enfant (M)	child abuse
les sévices sexuels (M)	sexual abuse
l'agression (F)	aggression/attack/assault
le viol	rape
l'agresseur (M)	attacker
le chantage	blackmail
l'escroc (M)	crook
la police	police
le policier	police officer
le commissariat de police	police station
les aveux (M)	confession
le détenu/la détenue	prisoner
le mandat	warrant
le casier judiciaire	criminal record
le tribunal	tribunal
l'avocat/l'avocate de la défense	defence lawyer
le procureur général	public prosecutor
le/la juge	judge
le jury	jury
le procès	trial
la preuve	proof
le témoin	witness
la peine/la condamnation	sentence
la peine capitale	capital punishment
la peine de mort	death penalty
la condamnation à perpétuité	life sentence
l'amende (F)	fine
la caution	bail
la probation	probation

la prison	prison
la cellule	cell
le détenu/la détenue	prisoner
le/la récidiviste	reoffender
criminel/-elle	criminal
innocent	innocent
coupable	guilty
présumé	alleged
inculpé (de)	charged (with)
voler	to steal
agresser	to hold-up/mug
attaquer	to assault
maltraiter	to abuse
faire chanter	to blackmail
juger	to try/judge
faire appel	to appeal
libérer	to free
la lutte contre la criminalité	the fight against crime
commettre un délit/un crime	to commit a crime
le vol à main armée	armed robbery
les violences conjugales	domestic violence
poursuivre quelqu'un en justice	to take someone to court
gagner/perdre un procès	to win/lose a case
prononcer le verdict	to pass sentence
condamner quelqu'un à cinq ans de prison	to sentence someone to five years' imprisonment
purger une peine (de prison)	to serve a (prison) sentence

Language in action

Hier se tenait à Lille le procès d'une bande d'escrocs aux "affaires" particulièrement prospères depuis des années. Leur tactique, assez ingénieuse il est vrai, consistait dans un premier temps à acheter à des scientifiques travaillant dans des secteurs sensibles de l'industrie et de la recherche des informations qu'ils prétendaient ensuite revendre à la concurrence. En fait des photos prises lors de ces prétendues transactions servaient à faire chanter les apprentis espions. Le chef de la bande, (surnommé Philou l'anguille) est bien connu des services de police. Impliqué à plusieurs reprises dans des braquages de banque, il n'avait jamais été inculpé, faute de preuves. Il a été condamné à cinq ans de prison ferme. [...]

Useful Phrases

Key phrases

Phrases-clés

yes, please	oui, s'il vous plaît
no, thank you	non merci
sorry	désolé/-e
excuse me	excusez-moi
you're welcome	de rien
hello/goodbye	bonjour/au revoir
how are you?	comment allez-vous?
nice to meet you	enchanté/-e!

Asking questions

Poser des questions

do you speak English/French?	parlez-vous anglais/français?
what's your name?	comment vous appelez-vous?
where are you from?	d'où venez-vous?
how much is it?	combien ça coûte?
how far is it?	c'est loin d'ici?
where is…?	où est…?
can I have…?	est-ce que je peux avoir…?
would you like…?	voulez-vous…?

Statements about yourself

Parler de soi

my name is…	je m'appelle…
I'm English	je suis anglais/-e
I'm French	je suis français/-e
I don't speak French/English very well	je ne parle pas très bien français/anglais
I'm here on holiday	je suis en vacances ici
I live near Sheffield	j'habite près de Sheffield
I'm a student	je suis étudiant/-e

Emergencies

Urgences

can you help me?	pouvez-vous m'aider?
I'm lost	je me suis perdu/-e
I'm ill	je suis malade
call an ambulance	appelez une ambulance
watch out!	attention!

❶ Going Places

On the road | ## Par la route

where's the nearest petrol station/filling station (US)?
où se trouve la station-service la plus proche?

what's the best way to get there?
quel est le meilleur chemin pour y aller?

I've got a puncture
j'ai crevé

I'd like to hire a bike/car
je voudrais louer un vélo/une voiture

I'm looking for somewhere to park
je cherche un endroit pour me garer

there's been an accident
il y a eu un accident

my car's broken down
ma voiture est en panne

the car won't start
la voiture ne démarre pas

By rail | ## Par le train

where can I buy a ticket?
où est-ce que je peux acheter un billet ?

what time is the next train to Paris?
à quelle heure est le prochain train pour Paris ?

do I have to change?
est-ce qu'il y a un changement?

can I take my bike on the train?
est-ce que je peux prendre mon vélo dans le train ?

which platform for the train to Bath?
de quel quai part le train pour Bath ?

there's a train to London at 10 o'clock
il y a un train pour Londres à 10 heures

a single/return to Nice, please
un aller/aller-retour pour Nice, s'il vous plaît

I'd like an all-day ticket
je voudrais un billet valable toute la journée

I'd like to reserve a seat
je voudrais réserver une place

At the airport | ## Par avion

when's the next flight to Paris/Rome?
quand part le prochain avion pour Paris/Rome ?

what time do I have to check in?
à quelle heure est-ce que je dois me présenter à l'enregistrement?

where do I check in?	où est le comptoir d'enregistrement?
I'd like to confirm my flight	je voudrais confirmer mon vol
I'd like a window seat/an aisle seat	je voudrais une place côté fenêtre/côté couloir
I want to change/cancel my reservation	je voudrais modifier/annuler ma réservation

Getting there	**Trouver son chemin**
could you tell me the way to the castle?	pourriez-vous m'indiquer la route pour aller au château ?
how long will it take to get there?	combien de temps est-ce qu'il faut pour y arriver?
how far is it from here?	c'est loin d'ici?
which bus do I take for the cathedral?	quel bus est-ce que je dois prendre pour aller à la cathédrale?
can you tell me where to get off?	pouvez-vous me dire où je dois descendre ?
how much is the fare to the town centre/center (US)?	quel est le prix d'un billet pour le centre-ville?
what time is the last bus?	à quelle heure est le dernier bus?
how do I get to the airport?	comment est-ce que je fais pour aller à l'aéroport?
where's the nearest underground/subway (US) station?	où est la station de métro la plus proche?
can you call me a taxi, please?	pouvez-vous m'appeler un taxi, s'il vous plaît?
take the first turning right	prenez la première rue à droite
turn left at the traffic lights	prenez à gauche aux feux
just past the church	juste après l'église
I'll take a taxi	je vais prendre un taxi

❷ Food and drink

Booking a restaurant

can you recommend a good restaurant?

I'd like to reserve a table for four

a reservation for tomorrow evening at eight o'clock

I booked a table for two

Réserver une table

pouvez-vous me recommander un bon restaurant?

je voudrais réserver une table pour quatre personnes

une réservation pour demain soir à huit heures

j'ai réservé une table pour deux

Ordering

could we see the menu/wine list?

do you have a vegetarian/children's menu?

could we have some more bread/chips?

could I have the bill/check (US)?

we'd like something to drink first

a bottle/glass of mineral water, please

a black/white coffee

we'd like to pay separately

Passer commande

est-ce qu'on pourrait voir la carte/la carte des vins?

est-ce que vous avez un menu végétarien/enfant?

est-ce qu'on pourrait avoir un peu plus de pain/frites?

je pourrais avoir l'addition?

on voudrait d'abord boire quelque chose

une bouteille/un verre d'eau minérale, s'il vous plaît

un café/un café crème

on voudrait payer séparément

Reading a menu

starters/soups/salads

main dish

dish/soup of the day

seafood

choice of vegetables

meat/game and poultry

side dishes

desserts

drinks

Lire la carte

entrées/soupes/salades

plat principal

plat/soupe du jour

fruits de mer

légumes d'accompagnement

viande/gibier et volaille

plats d'accompagnement

desserts

boissons

Any complaints?

there's a mistake in the bill/check (US)

the meat isn't cooked/is overdone

that's not what I ordered

I asked for a small portion

we are waiting to be served

we are still waiting for our drinks

my coffee is cold

the wine is not chilled

Des réclamations?

il y a une erreur dans l'addition

la viande n'est pas assez cuite/est trop cuite

ce n'est pas ce que j'ai commandé

j'ai demandé une petite portion

on attend d'être servis

on attend toujours les boissons

mon café est froid

le vin n'est pas assez frais

Food shopping

where is the nearest supermarket?

is there a baker's/butcher's near here?

can I have a carrier bag?

how much is it?

I'll have that one/this one

Faire les courses

où est le supermarché le plus proche ?

y a-t-il une boulangerie/boucherie près d'ici ?

est-ce que je peux avoir un sac?

combien ça coûte ?

je prends celui-là/celui-ci

On the shopping list

I'd like some bread

that's all, thank you

a bit more/less, please

100 grams of cheese

half a kilo of tomatoes

a packet of tea

a carton/litre of milk

a can/bottle of beer

Sur la liste de courses

je voudrais du pain

ce sera tout, merci

un peu plus/moins, s'il vous plaît

100 grammes de fromage

une livre de tomates

un paquet de thé

une brique/un litre de lait

une boîte/canette de bière

❸ Places to stay

Camping

can we pitch our tent here?

can we park our caravan here?

what are the facilities like?

how much is it per night?

where do we park the car?

we're looking for a campsite

this is a list of local campsites

we go on a camping holiday every year

Camper

est-ce qu'on peut planter notre tente ici ?

est-ce qu'on peut mettre notre caravane ici ?

le camping est-il bien équipé ?

c'est combien par nuit ?

où est-ce qu'on peut garer la voiture ?

on cherche un camping

c'est une liste des campings de la région

nous partons camper chaque année pour les vacances

At the hotel

I'd like a double/single room with bath

we have a reservation in the name of Milne

we'll be staying three nights, from Friday to Sunday

how much does the room cost?

I'd like to see the room, please

what time is breakfast?

bed and breakfast

we'd like to stay another night

please call me at 7:30

are there any messages for me?

À l'hôtel

je voudrais une chambre double/ simple avec bain

nous avons une réservation au nom de Milne

nous resterons trois nuits, de vendredi à dimanche

combien coûte la chambre ?

je voudrais voir la chambre, s'il vous plaît

à quelle heure est le petit déjeuner ?

chambres d'hôtes

on voudrait rester une nuit de plus

réveillez-moi à 7h30

est-ce qu'il y a des messages pour moi ?

Hostels

could you tell me where the youth hostel is?

what time does the hostel close?

I'm staying in a hostel

I know a really good hostel in Dublin

I'd like to go backpacking in Australia

Auberges de jeunesse

pourriez-vous me dire où se trouve l'auberge de jeunesse?

à quelle heure ferme l'auberge de jeunesse?

je loge à l'auberge de jeunesse

je connais une très bonne auberge de jeunesse à Dublin

j'aimerais bien aller faire de la randonnée en Australie

Rooms to let

I'm looking for a room with a reasonable rent

I'd like to rent an apartment for a few weeks

where do I find out about rooms to let?

what's the weekly rent?

I'm staying with friends at the moment

I rent an apartment on the outskirts of town

the room's fine – I'll take it

the deposit is one month's rent in advance

Locations

je cherche une chambre à louer avec un loyer raisonnable

je voudrais louer un appartement pendant quelques semaines

où est-ce que je peux me renseigner sur des chambres à louer ?

quel est le montant du loyer pour la semaine ?

je loge chez des amis pour le moment

je loue un appartement en banlieue

la chambre est bien – je la prends

l'acompte correspond à un mois de loyer payable d'avance

❹ Shopping and money

At the bank | À la banque

I'd like to change some money	je voudrais changer de l'argent
I want to change some euros into pounds	je veux changer des francs en livres
do you take Eurocheques?	acceptez-vous les Eurochèques ?
what's the exchange rate today?	quel est le taux de change aujourd'hui ?
I prefer traveller's cheques/traveler's checks (US) to cash	je préfère les chèques de voyage à l'argent liquide
I'd like to transfer some money from my account	je voudrais retirer de l'argent sur mon compte
I'll get some money from the cash machine	je vais retirer de l'argent au distributeur
I usually pay by direct debit	d'habitude, je paye par prélèvement automatique

Finding the right shop | Trouver le bon magasin

where's the main shopping district?	où se trouve le principal quartier commerçant ?
where's a good place to buy sunglasses/shoes?	quel est le meilleur endroit pour acheter des lunettes de soleil/chaussures ?
where can I buy batteries/postcards?	où est-ce que je peux acheter des piles/cartes postales ?
where's the nearest chemist/bookshop?	où est la pharmacie/librairie la plus proche ?
is there a good food shop around here?	est-ce qu'il y a une bonne épicerie près d'ici ?
what time do the shops open/close?	à quelle heure ouvrent/ferment les magasins ?
where did you get those?	où les avez-vous trouvés ?
I'm looking for presents for my family	je cherche des cadeaux pour ma famille
we'll do all our shopping on Saturday	nous ferons toutes nos courses samedi
I love shopping	j'adore faire les magasins

Are you being served?

how much does that cost?	combien ça coûte ?
can I try it on?	est-ce que je peux l'essayer ?
can you keep it for me?	pouvez-vous me le/la garder ?
do you have this in another colour/color (US)?	est-ce que vous avez ce modèle-ci dans une autre couleur?
I'm just looking	je regarde
I'll think about it	je vais réfléchir
I need a bigger/smaller size	il me faut une taille au-dessus/au-dessous
I take a size 10/a medium	je fais du 38/il me faut une taille moyenne
it doesn't suit me	ça ne me va pas
could you wrap it for me, please?	pourriez-vous l'emballer, s'il vous plaît ?
do you take credit cards?	est-ce que vous acceptez les cartes de crédit?
can I pay by cheque/check (US)?	est-ce que je peux payer par chèque ?
I'm sorry, I don't have any change	je suis désolé/-e mais je n'ai pas de monnaie
I'd like a receipt, please	je voudrais un reçu, s'il vous plaît

Changing things | Faire un échange

can I have a refund?	j'aimerais être remboursé/-e
can you mend it for me?	est-ce que vous pouvez me le/la réparer ?
can I speak to the manager?	je voudrais parler au responsable
it doesn't work	ça ne marche pas
I'd like to change it, please	je voudrais l'échanger, s'il vous plaît
I bought this here yesterday	je l'ai acheté/-e ici hier

❺ Sport and leisure

Keeping fit

where can we play football/squash?

where is the sports centre/center (US)?

what's the charge per day?

is there a reduction for children/a student discount?

I'm looking for a swimming pool/tennis court

you have to be a member

I play tennis on Mondays

I would like to go fishing/riding

I want to do aerobics

I love swimming/snowboarding

we want to hire skis/rollerblades

Rester en bonne santé

où est-ce qu'on peut jouer au football/squash?

où se trouve le centre sportif ?

quel est le prix pour la journée?

est-ce qu'il y a des réductions enfants/étudiants ?

je cherche une piscine/un court de tennis

vous devez être membre

je joue au tennis le lundi

je voudrais aller à la pêche/monter à cheval

je veux faire de l'aérobic

j'adore nager/faire du surf des neiges

nous voulons louer des skis/rollers

Watching sport

is there a football match on Saturday?

which teams are playing?

where can I get tickets?

I'd like to see a rugby/football match

my favourite/favorite (US) team is…

let's watch the match on TV

Le sport en spectateur

est-ce qu'il y a un match de foot samedi ?

quelles sont les équipes qui jouent?

où est-ce que je peux acheter des billets ?

je voudrais voir un match de rugby/foot

mon équipe préférée est...

regardons le match à la télé

Going to the cinema/theatre/club	Aller au cinéma/théâtre/en boîte
what's on?	qu'est-ce qu'il y a au programme ?
when does the box office open/close?	à quelle heure ouvre/ferme le guichet ?
what time does the concert/performance start?	à quelle heure commence le concert/ la représentation ?
when does it finish?	à quelle heure ça finit?
are there any seats left for tonight?	est-ce qu'il y a encore des places pour ce soir ?
how much are the tickets?	combien coûtent les billets ?
where can I get a programme/program (US)?	où est-ce que je peux me procurer un programme ?
I want to book tickets for tonight's performance	je veux réserver des places pour la représentation de ce soir
I'll book seats in the circle/in the stalls	je vais réserver des places au balcon/à l'orchestre
we'd like to go to a club	on voudrait aller en boîte
I go clubbing every weekend	je vais en boîte tous les week-ends

Hobbies	Passe-temps
do you have any hobbies?	est-ce que vous avez des passe-temps ?
what do you do at the weekend?	que faites-vous le week-end ?
I like yoga/listening to music	j'aime le yoga/écouter de la musique
I spend a lot of time surfing the Net	je passe beaucoup de temps à surfer sur Internet
I read a lot	je lis beaucoup
I collect comic strips	je collectionne les bandes dessinées

❻ Keeping in touch

On the phone	Au téléphone
where can I buy a phone card?	où est-ce que je peux acheter une carte de téléphone?
may I use your phone?	est-ce que je peux utiliser votre téléphone?
do you have a mobile?	avez-vous un portable?
what is the code for Lyons/St Albans?	quel est l'indicatif pour Lyon/St Albans?
I want to make a phone call	je veux téléphoner
I'd like to reverse the charges/to call collect (US)	je voudrais appeler en PCV
the line's engaged/busy (US)	la ligne est occupée
there's no answer	ça ne répond pas
hello, this is Danielle	allô, c'est Danielle
is Alistair there, please?	est-ce qu'Alistair est là, s'il vous plaît?
who's calling?	qui est à l'appareil?
sorry, wrong number	désolé/-e, vous faites erreur
just a moment, please	un instant, s'il vous plaît
would you like to hold?	vous patientez?
please tell him/her I called	pourriez-vous lui dire que j'ai appelé?
I'd like to leave a message for him/her	j'aimerais lui laisser un message
I'll try again later	je réessaierai plus tard
can he/she ring me back?	est-ce qu'il/elle peut me rappeler?
my home number is…	mon numéro personnel est le…
my business number is…	mon numéro professionnel est le…
my fax number is…	mon numéro de télécopie est le…
we were cut off	on a été coupé

Writing | Écrire

what's your address?	quelle est votre adresse?
here's my business card	voici ma carte de visite
where is the nearest post office?	où est le bureau de poste le plus proche ?
could I have a stamp for France/Italy, please?	je voudrais un timbre pour la France/l'Italie, s'il vous plaît
I'd like to send a parcel/a telegram	je voudrais envoyer un paquet/un télégramme

On line | En ligne

are you on the Internet?	êtes-vous sur Internet ?
what's your e-mail address?	quelle est votre adresse électronique ?
we could send it by e-mail	nous pourrions l'envoyer par courrier électronique
I'll e-mail it to you on Thursday	je vous l'envoie jeudi par courrier électronique
I looked it up on the Internet	j'ai vérifié sur Internet
the information is on their website	l'information se trouve sur leur site Internet

Meeting up | Se retrouver

what shall we do this evening?	qu'est-ce qu'on fait ce soir ?
where shall we meet?	où est-ce qu'on se retrouve ?
I'll see you outside the café at 6 o'clock	on se retrouve à 6 heures devant le café
see you later	à tout à l'heure
I can't today, I'm busy	je ne peux pas aujourd'hui, je suis occupé/-e

black	noir
white	blanc/blanche
grey	gris
metallic grey	gris metallisé
yellow	jaune
orange	orange
orangey	orangé
red	rouge
bright red	rouge vif
scarlet	rouge écarlate
cherry red	(rouge) cerise
reddish	rougeâtre
maroon	bordeaux, grenat (inv)
pink	rose
baby pink	rose layette
purple, violet	violet/violette
lilac	mauve
blue	bleu
peacock blue	bleu canard
sky blue	bleu ciel
light blue	bleu clair
navy blue	bleu marine
turquoise	bleu turquoise
bluish	bleuâtre
green	vert
dark green	vert foncé
emerald green	vert émeraude
greenish	verdâtre
brown	marron
cream	crème
beige	beige
golden	doré
silver	argenté

what colour is...?	de quelle couleur est..?
the colours of the rainbow	les couleurs de l'arc-en-ciel
a green shirt	une chemise verte
a pale green shirt	une chemise vert pâle
in shades of green	en camaïeu vert
navy-blue socks	des chaussettes bleu marine
brown trousers	un pantalon marron
brown hair	des cheveux bruns
to have light/dark brown hair	avoir les cheveux châtain clair/foncé
red suits him/her	le rouge lui va bien

Idiomatic expressions	**Expressions idiomatiques**
I had a bad scare	j'ai eu une peur bleue
it's a red-letter day	c'est un jour à marquer d'une pierre blanche
he really gave me a hard time	il m'en a fait voir de toutes les couleurs
you've got some colour in your cheeks	tu as pris des couleurs
to see life through rose-coloured spectacles	voir la vie en rose
to have green fingers	avoir la main verte
to see red	voir rouge
to give a forced laugh	rire jaune

❽Weights, measures, sizes

Length/Longueur

inches/pouces	0.39	3.9	7.8	11.7	15.6	19.7	39
cm/centimètres	1	10	20	30	40	50	100

Distance/Distance

miles/miles	0.62	6.2	12.4	18.6	24.9	31	62
km/kilomètres	1	10	20	30	40	50	100

Weight/Poids

pounds/livres	2.2	22	44	66	88	110	220
kg/kilogrammes	1	10	20	30	40	50	100

Capacity/Contenance

gallons/gallons	0.22	2.2	4.4	6.6	8.8	11	22
litres/litres	1	10	20	30	40	50	100

Temperature/Température

°C	0	5	10	15	20	25	30	37	38	40
°F	32	41	50	59	68	77	86	98.4	100	104

Clothing and shoe sizes/Tailles et pointures

Women's clothing sizes/Tailles femme

UK	8	10	12	14	16	18
US	6	8	10	12	14	16
France	36	38	40	42	44	46

Men's clothing sizes/Tailles homme

UK/US	36	38	40	42	44	46
France	46	48	50	52	54	56

Men's and women's shoes/Pointures homme et femme

UK women	4	5	6	7	7.5	8			
UK men				7	8	9	10	11	
US	6.5	7.5	8.5	9.5	10.5	11.5	12.5	13.5	14.5
France	37	38	39	40	41	42	43	44	45

Measure	**Mesure**
metre	le mètre
centimetre/millimetre	le centimètre/millimètre
square/cubic metre	le mètre carré/cube
kilometre	le kilomètre
it's two hundred kilometres from here	c'est à deux cents kilomètres d'ici
it's fifteen centimetres long	ça mesure quinze centimètres de long
two metres by three	deux mètres sur trois

Weight and capacity	**Poids et contenance**
half a kilo of strawberries	une livre de fraises
three hundred grams of olives	trois cents grammes d'olives
it weighs three and a half kilos	ça pèse trois kilos cinq cents grammes
litre	le litre
half a litre	le demi-litre

Quantity and size	**Quantité et taille**
dozen	la douzaine
half a dozen	la demi-douzaine
pair	la paire
large/small size	la grande/petite taille
medium size	la taille moyenne
piece	le morceau
what size are you? (clothes)	quelle taille faites-vous?
what size are you? (shoes)	quelle pointure faites-vous?
I take a size 7 (shoes)	je chausse/je fais du 40
have you got the same thing in a 14?	avez-vous ce modèle en 42?
one size	taille unique

❾ Good timing

<table>
<tr><td>

Telling the time

could you tell me the time?
what time is it?
it's 2 o'clock
at about 8 o'clock
at 9 o'clock tomorrow
from 10 o'clock onwards
it starts at 8 p.m.
at 5 o'clock in the morning/afternoon

it's five past/quarter past/half past one

it's twenty-five to/quarter to/five to one

a quarter of an hour

</td><td>

Exprimer l'heure

pourriez-vous me dire l'heure ?
quelle heure est-il ?
il est 2 heures
vers 8 heures
à 9 heures demain
à partir de 10 heures
ça commence à 20 heures
à 5 heures du matin/de l'après-midi

il est une heure cinq/et quart/et demie

il est une heure moins vingt-cinq/le quart/cinq

un quart d'heure

</td></tr>
</table>

<table>
<tr><td>

Days and dates

Sunday, Monday, Tuesday, Wednesday, Thursday, Friday, Saturday

January, February, March, April, May, June, July, August, September, October, November, December

</td><td>

Jours et dates

dimanche, lundi, mardi, mercredi, jeudi, vendredi, samedi

janvier, février, mars, avril, mai, juin, juillet, août, septembre, octobre, novembre, décembre

</td></tr>
</table>

season	la saison
spring	le printemps
summer	l'été
autumn	l'automne
winter	l'hiver
day	le jour/la journée
date	la date
month	le mois
week	la semaine
fortnight	quinze jours

weekend	le week-end/la fin de semaine
public holiday	le jour férié
year	l'an/l'année
leap year	l'année bissextile
century	le siècle
what's the date?	on est le combien?
today is the fifth of May	on est le cinq mai
tomorrow is the twelfth of April	demain, on sera le 12 avril
the meeting is on September the eighth	la réunion aura lieu le huit septembre
we're going to Lille in October	nous allons à Lille en octobre
at the beginning of April	début avril
at the end of July	fin juillet
in February last year	l'année dernière en février
in March next year	l'année prochaine en mars
a June morning	un matin de juin
the January sales	les soldes du mois de janvier
what day is it?	quel jour sommes-nous?
it's Thursday	nous sommes jeudi
every day	tous les jours
every second/third day	tous les deux/trois jours
on Mondays/Fridays	le lundi/le vendredi
every Thursday	tous les jeudis
every other Thursday	un jeudi sur deux
a week on Monday	lundi en huit
the Sunday papers	les journaux du dimanche
last/next summer	l'été dernier/prochain
next/last year	l'année prochaine/dernière
a three-year contract	un contrat de trois ans
in 1994	en 1994
once in a blue moon	tous les trente-six du mois

❾ Good timing

Public holidays and special days	Jours fériés et jours de fête
Bank holiday	jour férié
long weekend	week-end prolongé
New Year's Day (1 Jan)	le Jour de l'an
St Valentine's Day (14 Feb)	la Saint-Valentin
Shrove Tuesday/Pancake Day	Mardi gras
Ash Wednesday	le mercredi des Cendres
Mother's Day	la fête des Mères
Palm Sunday	le dimanche des Rameaux
Good Friday	vendredi saint
Easter Day	Pâques
Easter Monday	le lundi de Pâques
Ascension Day	l'Ascension
Pentecost/Whitsun	la Pentecôte
Whit Monday	le lundi de Pentecôte
Father's Day	la fête des Pères
St John the Baptist's Day (24 Jun)	la Saint-Jean
Independence day (4 Jul)	la fête de l'Indépendance (aux États-Unis)
Bastille day (14 July)	le 14 juillet
Halloween (31 Oct)	Halloween (soir des fantômes et des sorcières)
All Saints' Day (1 Nov)	la Toussaint
Remembrance Sunday	le jour du Souvenir
Thanksgiving	le jour d'Action de grâces
Christmas Day (25 Dec)	Noël
Boxing Day (26 Dec)	le lendemain de Noël
New Year's Eve (31 Dec)	la Saint-Sylvestre

Cardinal numbers/
nombres cardinaux

0	zéro
1	un
2	deux
3	trois
4	quatre
5	cinq
6	six
7	sept
8	huit
9	neuf
10	dix
11	onze
12	douze
13	treize
14	quatorze
15	quinze
16	seize
17	dix-sept
18	dix-huit
19	dix-neuf
20	vingt
21	vingt et un
22	vingt-deux
23	vingt-trois
24	vingt-quatre
25	vingt-cinq
26	vingt-six
27	vingt-sept
28	vingt-huit
29	vingt-neuf
30	trente
40	quarante
50	cinquante
60	soixante
70	soixante-dix
71	soixante et onze
72	soixante-douze
80	quatre-vingts
81	quatre-vingt-un
90	quatre-vingt-dix
91	quatre-vingt-onze
100	cent
101	cent un
200	deux cents
1,000	mille
10,000	dix mille
1,000,000	un million

Ordinal numbers/
nombres ordinaux

1st	premier/première
2nd	deuxième
3rd	troisième
4th	quatrième
5th	cinquième
6th	sixième
7th	septième
8th	huitième
9th	neuvième
10th	dixième
11th	onzième
20th	vingtième
21st	vingt et unième
30th	trentième
40th	quarantième
50th	cinquantième
100th	centième
1000th	millième

Also available in the French range from
Oxford University Press:

**Pocket Oxford French
Dictionary**
90,000 words and phrases,
120,00 translations
0-19-861071-8
978-0-19-861071-7

**Oxford French
Minidictionary**
Ultra compact-ideal for
business and travel
0-19-861045-9
978-0-19-861045-8

**Oxford Beginner's French
Dictionary**
Designed for the adult
language learner
0-19-929858-0
978-0-19-929858-7

**Oxford French Cartoon-strip
Vocabulary Builder**
An entertaining way to
improve your French
0-19-860267-7
978-0-19-860267-5

Oxford publishes highly acclaimed dictionaries and language-
learning materials for absolute beginners through to advanced
learners in over 40 different languages worldwide.

For more information, visit our websites www.oup.com and
www.askoxford.com